Wassy. — Imprimerie de J. Guillemin.

LA MAJORITÉ
DEVANT LE PAYS

A PROPOS

DE M. CHAUCHARD

PAR UN ÉLECTEUR DE LANGRES

WASSY
TYPOGRAPHIE ET LITHOGRAPHIE DE J. GUILLEMIN.
1869

Lettre au Rédacteur en chef du PROGRÈS.[1]

Monsieur,

Je dois en commençant, ou plutôt avant de commencer, cette lettre n'étant qu'en sorte de préface, vous remercier de l'hospitalité que vous voulez bien m'accorder dans votre honorable journal. Il n'est pas facile, par le temps qui court, de trouver en province une feuille assez osée pour prêter sa publicité aux vérités utiles, pour peu qu'elles paraissent gênantes et faites pour troubler le sommeil des

(1) Ces articles ont paru dans le *Progrès de la Haute-Marne* les 11, 15, 18, 22, 25, 29 avril, 2, 6, 9, 13, 16 et 20 mai 1869.

puissances. Votre courage n'en est que plus méritoire, et, pour mon compte, je vous en sais d'autant plus de gré que toutes mes opinions, comme vous m'en avez prévenu loyalement, ne sont pas les vôtres ou du moins que vous ne les acceptez pas sans réserves.

Dans la lettre que je vous écrivais le 10 février dernier, j'osais dire — cela a paru bien hardi, ce semble, puisque vous même avez cru nécessaire de modifier un peu l'expression de ma pensée — que la politique à laquelle M. Chauchard avait prêté son concours, était une politique sans principes, sans virilité, sans véritable patriotisme. C'est cela même que, dans une série d'articles je prétends prouver, en demandant compte à la Majorité, à laquelle appartient notre député, de la manière dont elle a rempli son mandat, c'est-à-dire, exercé le double droit de contrôler la politique du Gouvernement et de voter les impôts qu'elle tient de la Constitution.

J'ai éprouvé quelques scrupules, monsieur le Rédacteur, soit à propos du fond même des choses que je veux examiner, soit à cause du choix du personnage que j'ai cru devoir prendre pour objectif. Avais-je tort? avais-je raison? Vous allez en être juge.

D'abord je craignais que ce ne fût dépasser les limites de mon droit que de demander pareil compte à la Majorité, et aller contre la nature des choses que de lui supposer une responsabilité. « Si la majorité est responsable, me disais-je, elle ne saurait l'être qu'envers le Gouvernement, et je n'ai pas l'honneur d'être le Gouvernement. Produit légitime et incontestable du système édifiant des candidatures officielles, et de l'admirable mécanisme administratif que l'univers nous envie, elle ne relève que de ses auteurs; planète détachée du soleil comme le fut naguère notre monde par le choc d'une comète, si l'on en croit M. de Buffon, qui a le droit de s'enquérir de la façon dont le satellite a fait sa révolution, et de lui demander s'il a dévié ou non, hormis la main qui a tracé le cercle de son orbite ? Qui dit responsable, dit ndépendant, et qui dit indépendant, parle d'un être ayant en lui une force et un point d'appui. Or, où est la force et le point d'appui de la Majorité? La Constitution dit bien que le Corps Législatif contrôle les actes du Gouvernement et vote les impôts, ce qui suppose une certaine force et un certain point d'appui, s'il est vrai que celui qui contrôle ne saurait être un pouvoir subordonné et dépendant vis-à-vis de celui qui est contrôlé, et si celui qui tient les cordons de la bourse, n'est pas non plus d'ordinaire sans quelque puissance ; mais comment faire fonds sur une constitution qui se dérobe sans cesse, et où il n'est question d'ailleurs que d'une seule et inaccessible responsabilité ? »

Sur le second point, Monsieur le Rédacteur, mon embarras était différent, mais il n'était pas moindre.

De quoi s'agissait-il en effet? de voir la politique de la Majorité à travers celle de M. Chauchard, de résumer l'une dans l'autre et en quelque sorte de l'y incarner : combinaison dont vous voyez, sans que je vous les dise, les difficultés. Là n'était pas cependant le point ; M. Chauchard a même ici, sous certains rapports, des avantages précieux : il a fait partie de toutes les législatures depuis 1852 ; il a constamment, dans les questions grandes et petites, voté avec le Gouvernement ; il n'a jamais manifesté la moindre velléité d'indépendance ; il nous présente donc comme dans une surface transparente et limpide, comme dans une glace toute unie, ce qu'on appelle la politique de la Majorité ; il en est l'image la plus fidèle ; il a, de plus, un passé qui relève par le contraste la perfection de la ressemblance ; enfin il est sous notre main, il est celui que nous connaissons le mieux, dont nous pouvons le mieux rapprocher la pensée de celle de ses électeurs, puisque ses électeurs c'est nous-mêmes ; il n'est pas pour nous le premier venu et par là il nous soustrait au reproche possible d'avoir imité le poëte ignorant

Qui de tant de héros va choisir Childebrand !

Ce n'était donc pas là que se trouvait la difficulté : M. Chauchard avait tous les droits possibles à nos préférences, et tous les mérites requis pour être, comme parle l'Ecriture, un vase d'élection. Non ; ce qui nous gênait, ce qui nous causait un véritable ennui, c'est la crainte que nos adversaires et même quelques-uns de nos amis ne vinssent à nous dire ce qu'on disait en son temps au poëte

> Il a tort, dira l'un, pourquoi faut-il qu'il nomme ?
> Attaquer Chapelain ! Ah ! c'est un si bon homme !
> Balzac en fait l'éloge en cent endroits divers.
> Il est vrai, s'il m'eût cru, qu'il n'eut point fait de vers ;
> Il se tue à rimer, que n'écrit-il en prose ?

J'avoue ma faiblesse, Monsieur le Rédacteur ; cette seconde difficulté m'arrêta plus longtemps que la première, non pas que j'admette la doctrine de deux morales et que pour moi l'honnêteté de la vie privée couvre tout le reste ; mais c'est si rare qu'un honnête homme, par le temps qu'il fait, que cela mérite toujours considération ! Heureusement que mon poëte était encore là pour me tirer d'embarras et affermir mon courage. Il ne me fut pas difficile de voir en effet, après réflexion, que l'excuse du satirique m'appartenait au moins du même droit, et qu'il n'était pas plus défendu de siffler la mauvaise politique que les mauvais vers.

« Eh ! quoi ! est-ce l'homme que j'attaque, me disais-je, ou le personnage politique ? »

> Ma muse en l'attaquant, charitable et discrète,
> Sait de l'homme d'honneur distinguer le poëte.
> Qu'on vante en lui la foi, l'honneur, la probité,
> Qu'on prise sa candeur et sa civilité
> Qu'il soit doux, complaisant, officieux, sincère :

Qu'il ait « cette droiture » dont parle le *Messager*, et pour laquelle, Dieu merci ! il a meilleure caution que cet estimable journal ; qu'il ait encore cette haute intelligence que la même feuille lui octroie de son autorité privée, *je le veux, j'y souscris* ; mais qu'il soit un grand citoyen, qu'il ait bien représenté son pays dans la Chambre, qu'il ait été l'organe sincère de ses opinions, et le défenseur zélé de ses intérêts ; que ses votes aient réfléchi la conscience publique ; qu'il ait eu une politique indépendante, prévoyante, virile, patriotique dans le grand sens du mot ; qu'il ait rempli son mandat tel qu'il le devait, que son contrôle ait été sérieux et son vote de l'impôt conforme aux intérêts des contribuables, je le nie, et si on le soutient,

> Ma bile alors s'échauffe, et je brûle d'écrire,
> Et s'il ne m'est permis de le dire au papier,
> J'irai creuser la terre, et, comme le barbier,
> Faire dire aux roseaux par un nouvel organe :
> « Midas, le roi Midas, a des oreilles d'âne ! »

Vous ne m'imputerez pas, Monsieur le Rédacteur, l'impertinence de la comparaison, qui n'est qu'une licence poétique, et qui mésiérait fort en prose. Quoiqu'il en soit, comme vous le voyez, je n'ai pas pris mon parti de gaîté de cœur, seulement il est pris et bien pris. Je vais donc, puisque vous le permettez, passer en revue la politique de la Majorité, ou, ce qui revient au même, les votes principaux de M. Chauchard depuis 1852 jusqu'à nos jours, dépouiller le dossier de notre député et lui demander compte de son mandat.

Je ne sais si je n'usurpe pas un droit (je vous ai fait part de mes scrupules à cet égard) ; mais ce dont je suis bien certain, c'est que je remplis un devoir. N'est-il pas du devoir d'un chacun de dire ce qu'il croit utile, dans une crise solennelle de son pays, et d'élever la voix, si faible qu'elle soit, dans l'intérêt de la vérité ? J'oserai même dire, en dépit de mes scrupules, que je n'exerce pas, en remplissant ce devoir, un droit usurpé ; ou il faut dire que les intérêts généraux du pays ne nous regardent pas, et à quoi bon alors rassembler le peuple dans ses comices ? que la liberté et la patrie sont de vains mots, ou il faut admettre la légitimité du droit comme la nécessité du devoir que j'invoque : il n'y a point pour la logique, non plus que pour le cœur, d'autre alternative.

Je ne vous le dissimulerai pas, Monsieur le Rédacteur, (aussi bien faut-il, dans une préface, dire tout ce qui est à dire et faire comme le musicien qui dans son ouverture indique ses principaux motifs), l'exercice de mon droit et l'accomplissement de mon devoir ne sont pas complètement désintéressés. Pourquoi le nierais-je ? Où est le crime de mêler un peu d'intérêt propre à ce que l'on fait de meilleur ? Nous ne sommes pas tous des saints ; nous ne pouvons pas tous nous élever à cet héroïsme qui porte les grands personnages de l'Etat à s'immoler gratuitement pour le bien public. Je vous avouerai donc sans pudeur que je cherche dans l'esquisse politique ou, si le mot n'est pas trop ambitieux, dans le spectacle que je vais mettre sous vos yeux, une satisfaction personnelle. C'est une de mes faiblesses de me sentir heureux d'être au parterre et de ne pas envier ceux qui se démènent sur les planches. Hélas ! oui, et ce n'est pas ma faute, en voyant agir ceux qui sont quelque chose, j'éprouve toujours un certain plaisir à n'être rien.

LA
MAJORITÉ DEVANT LE PAYS

A PROPOS

DE M. CHAUCHARD.

Depuis la lettre que j'ai écrite à Monsieur le Rédacteur du *Progrès* et qui m'a servi d'introduction auprès de mes lecteurs, j'ai appris que ceux qui sont chargés de défendre la candidature de M. Chauchard, emploient, contre son compétiteur le plus redoutable, tous les moyens et les moins honorables, comme ces assiégés, qui au moment suprême, se font des armes de tout ce qui leur tombe sous la main et ne négligent pas même les ustensiles les plus vils. Plaisanteries de mauvais goût, injures, calomnies, on a recours à tout. On est même allé jusqu'à répandre, et cela, dit-on, avec profusion, des lettres anonymes. Il y a, à Langres, fonctionnant au profit de M. Chauchard, une officine de ces petites vilenies. Nous plaignons M. Chauchard. Du temps de Pascal, on opposait, nous dit le grand écrivain, des *moines* aux raisons. L'art de la polémique, comme celui de la guerre, a fait des progrès depuis ce temps-là : les défenseurs du Gouvernement ont trouvé mieux que les Jésuites.

Cela ne nous fera pas dévier de la ligne de conduite que nous nous sommes tracée. Nous transporterons notre adversaire, malgré ses amis, dans la région pure des principes, avec la Majorité qu'il représente, et nous verrons s'il lui sera donné d'y respirer bien à l'aise.

I.

La Majorité n'est pas l'Opposition ; elles n'ont ni la même origine, ni le même but, ni le même idéal. L'une s'est produite par voie indirecte, et à la suite d'une préparation laborieuse, après avoir passé par les bureaux du Ministère et dans le confessionnal des Préfets ; l'autre est sortie directement du peuple, par le vote réfléchi et l'élan spontané des citoyens. L'une est née sur les ruines d'un édifice que l'autre veut relever ; l'une s'est retranchée dans un ordre de choses artificiel et factice, que l'autre veut remplacer par un ordre différent, plus naturel et plus vrai. Nous ne songeons donc pas à demander à la Majorité ce que nous demanderions à l'Opposition, si celle-ci avait des comptes à nous rendre. Mais il est certainement une chose que nous avons le droit d'exiger d'elle, tout autant au moins que de l'Opposition, c'est le respect de la Constitution, c'est une politique constitutionnelle, taillée sur la loi du pays. Si, en effet, la Constitution est la loi suprême à laquelle nul ne saurait se soustraire, et si elle commande le respect même à ceux qui lui trouvent des imperfections, et pour ce qui s'y trouve de moins facile à comprendre et à admirer, par exemple cette responsabilité, humble et superbe tout ensemble, qui serait un péril, si elle ne pouvait être ailleurs que dans les nuées, et qui nous place, ainsi que l'écrivait il y a quelques jours M. de Falloux, « entre une fiction et une révolution, » elle l'impose plus impérieusement encore à ceux dont elle est le titre d'existence, qui ont mission d'en faire pénétrer l'esprit dans les veines et le sang de la société.

Mais demander à la Majorité si sa politique a été constitutionnelle, c'est lui demander si elle a été libérale et conservatrice. En effet elle ne saurait être constitutionnelle qu'à la condition de présenter l'un et l'autre de ces deux caractères. Si elle n'était pas libérale, elle serait en contradiction avec les principes de 89, et par conséquent avec la Constitution qui vise ces principes et qui en découle comme de sa source ; si elle n'était pas conservatrice, elle serait en contradiction avec le but même que s'est proposé son auteur et qui était, si nous l'en croyons, la protection de l'ordre civil fondé par la Révolution et menacé par le socialisme. Voyons donc, dans un examen aussi rapide que possible, si la politique de la Majorité s'est inspirée de l'esprit de liberté et de l'esprit de conservation, comme cela lui était commandé par le mandat qu'elle tient de la Constitution; nous verrons ensuite, au cas où cela soit nécessaire, si elle a été une vraie politique, prévoyante, indépendante, se posant en face d'une autre politique, celle qu'elle était chargée de contrôler, osant la regarder fixement et la mesurer.

Si nous en croyions les officieux et les habiles, la question que nous nous proposons d'examiner, n'aurait pas le droit de se poser, et le programme de la Constitution serait fidèlement rempli. Nous les entendons chaque jour répéter, avec une intrépidité d'affirmation que pourrait envier la vérité, que l'esprit conservateur et l'esprit libéral n'ont jamais été plus intimement unis, que les deux termes opposés se fondent chez eux dans une synthèse admirable, et ils ne se font pas faute, selon les circonstances et les besoins de la cause, de montrer tour-à-tour les deux côtés de la médaille et de dire avec le poëte :

> Je suis oiseau : voyez mes ailes !
> Je suis souris : vivent les chats !

Il y a donc nécessité de replacer le passé sous les yeux ; d'opposer à des affirmations qui n'ont d'autre appui que l'intrépidité de leurs auteurs, et qui pourtant ne laissent pas de produire encore quelque effet, l'affirmation supérieure et décisive des actes, la lumière éclatante de la vérité. Il faut enfin interroger M. Chauchard, qui est pour nous le répondant de la Majorité. Cela suffira pour nous édifier et nous dire si la politique qu'elle a suivie et pratiquée, a été une politique de conservation et de liberté.

Commençons par la liberté.

Je reprends de loin : la mémoire est courte chez les peuples. M. Chauchard, le 26 mai 1852, a voté le projet de loi portant autorisation d'interdire *administrativement* à certains individus le séjour du département de la Seine et de l'agglomération lyonnaise ; le 19 février 1858 il a voté la loi de sûreté générale, qui renouvelait et étendait sur la France entière la loi des suspects. Est-ce qu'en donnant la main à de telles mesures, à ces violations temporaires, qui ne sont pas toutes restées temporaires, de la liberté de la personne et du domicile, M. Chauchard croyait s'inspirer de l'esprit de liberté ? Quand il votait, le 4 avril 1854, pour l'adoption de la demande en autorisation de poursuite formée par le Gouvernement contre son collègue, de Montalembert, croyait-il voter pour la liberté parlementaire, pour l'inviolabilité des représentants du peuple, qui est la première de toutes les inviolabilités du droit, parce qu'elle est la garantie de toutes les autres ? Quand il votait la loi du 2 avril 1855, sur l'organisation municipale, cette loi qui transforme les maires en fonctionnaires et supprime l'autonomie de la commune, croyait-il voter pour la liberté politique et la liberté communale ?

L'Empereur vient de saisir le Conseil d'Etat, on sait avec quelle solennité, d'un projet de loi pour l'abolition des livrets des ouvriers, et, bien que le Gouverneur ne se soit avisé de la mesure que juste au moment où va s'ouvrir la période électorale, nous nous gardons bien d'y trouver à redire : tout ce qui est bon en soi, tout ce qui tend à l'apaisement des rivalités sociales et efface d'humiliantes distinctions, est toujours à propos et mérite bon accueil. Mais pourquoi le Gouvernement oublie-t-il de dire que cette législation barbare, si contraire à l'égalité civile, est une loi du premier Empire, la loi du 22 Germinal an XI, et qu'elle a été aggravée par le second ? Pour nous qui n'avons pas les mêmes raisons d'ignorer le passé, nous rappellerons que le second Empire a étendu les rigueurs du premier, que sa loi a généralisé, sanctionné par des peines correctionnelles l'obligation du livret, et que cette loi que l'on se propose d'abroger aujourd'hui, a été votée le 22 juin 1854. M. Chauchard, qui a voté cette loi surannée, croyait-il, cette fois encore, s'inspirer de l'esprit de liberté et consacrer par son vote l'égalité civile et ces conquêtes de 89 pour le triomphe définitif desquelles a été faite la Constitution ?

Indépendamment de ces votes divers, que dire de l'attitude effacée que nous avons vu tenir à la Majorité, auxreprésentants de la pensée *actuelle* du pays en face de son représentant *perpétuel*, de l'ombre épaisse qui enveloppait les opérations électorales, de ce grand silence étendu sur la France entière, de la mise au sequestre de la pensée soumise au régime discrétionnaire, de ces contingents multipliés de cent quarante mille hommes, hécatombes destinées aux champs de Crimée, d'Italie et du Mexique, et cette approbation systématique qui rappelait les muets du premier Empire, et consacrait avec docilité les coups soudains d'une volonté solitaire? Monsieur Chauchard croyait-il que la part qu'il prenait à tout cela, était conforme à l'esprit de liberté ? Les intelligents défenseurs qu'il compte dans la presse de notre Département, pourront le croire : il y a des grâces d'état ; mais nous ne lui ferons pas, à lui, l'injure de penser qu'il prenne la nuit pour le jour et qu'avec la naïveté de M. Jourdain il ait fait toute sa vie de la prose sans le savoir.

Il est vrai, et nous ne l'ignorons pas, il y a une réponse toute prête. « Il y avait, dira-t-on, de dures nécessités ; il a bien fallu voiler la statue de la liberté ; mais on ne l'a fait que pour un temps ; on a fait de la politique de résistance, mais malgré soi, et l'on est revenu, dès qu'on l'a pu, à la politique de mouvement ; la pyramide avait été *retournée ;* il fallait bien la rétablir sur sa base ; mais on n'y a pas enseveli l'esprit de liberté ; on n'a pas fait de la pyramide un tombeau. Et la preuve, c'est d'abord le décret du 24 novembre 1860, et puis la lettre impériale du 19 janvier. » A la bonne heure ! Nous passons condamnation. Aussi bien les faits que nous avons rappelés, se perdent dans la perspective du passé, et d'ailleurs c'est le présent surtout qu'il s'agit de juger.

Venons au présent.

II.

Si j'avais à définir la politique libérale dans une Majorité parlementaire, je lui donnerais deux caractères : d'une part, l'indépendance vis-à-vis du Pouvoir, de l'autre, la foi dans la liberté ; et si j'avais un exemple à donner à l'appui de ma définition, comme aussi un modèle à proposer, je rappellerais cette fameuse Majorité de 1828 que dirigeait notre illustre compatriote, Royer-Collard (1). Mais j'avoue que je ne songerais pas le moins du monde pour cet objet à la Majorité qui va être livrée dans quelques jours au bras séculier; et je doute que la postérité y songe plus que moi. Si jamais l'histoire s'occupe d'elle et lui donne une place dans ses tableaux, il est bien à craindre que ce ne soit à titre de repoussoir.

Chose singulière, et qui est vraiment un signe du temps, c'est que ce rôle que je lui assigne dans l'histoire, elle le reçoit aujourd'hui même d'un journal officiel. L'*Echo de la Haute-Marne* n'a pas cru pouvoir trouver un meilleur moyen de faire ressortir l'indépendance de M. Chauchard que de mettre son candidat en regard de la Majorité et de croiser leurs votes réciproques. Dans son numéro du 9 avril, monument curieux de témérité naïve, cet estimable journal a recueilli avec un soin pieux et énuméré avec une complaisance attendrie tous les votes où M. Chauchard s'est séparé de la Majorité, pour se rencontrer avec la Minorité la plus hardie, voire même avec M. Jules Favre. Pauvre Majorité! se serait-elle jamais attendue à pareille aventure? Etre reniée par le tenant de M. Chauchard! Si l'idée du lion pouvait jamais se mêler à l'image de la Majorité, ne serait-ce pas, vraiment, le coup de pied de l'âne? et pour comble de malheur on veut lui arracher le plus beau fleuron de sa couronne? Je n'ai pas une tendresse exagérée pour la Majorite;

(1) Royer-Collard, né à Sommepuis (Marne), fut élevé chez les Oratoriens de Chaumont.

mais ce dernier trait me touche ; on passe la mesure ; il ne dépendra pas de moi que le bien dérobé ne lui soit restitué.

Voyons donc si M. Chauchard a eu devant le pouvoir cette indépendance que nous considérons comme une condition de la politique libérale, et si l'*Echo* a raison de l'isoler de la Majorité, qui ne serait, selon lui, qu'un roseau flexible — ce que du reste nous ne nions pas — en face du chêne indomptable et majestueux.

Nous ne ferons aucune difficulté de reconnaître que M. Chauchard a eu quelquefois l'heureuse idée de se séparer du gouvernement, comme son honorable collègue M. Lespérut ; et il est probable que pareille chose a pu arriver aux autres membres de la majorité, même aux plus dociles, ou aux plus engagés dans le système. N'avons-nous pas vue après la lettre du 19 janvier, une sorte d'insurrection contr, des nouveautés téméraires, et, l'insurrection apaisée, quelques-uns persévérer dans l'audace ? Il en est jusqu'à sept que l'on a pu nommer. Il n'y a personne d'ailleurs qui n'ait sur quelques points particuliers, son parti pris, qui n'abonde dans le sens propre, à qui enfin le cou ne démange, à certains jours ou à certaines heures, et qui n'éprouve le besoin de desserrer un peu le collier. M. Chauchard a rompu avec la Majorité dans certaines questions ; il a voté une fois avec M. Jules Favre. Soit. Le cheval de Don Quichotte a bien galopé une fois dans sa vie. Cela prouve-t-il qu'il ait eu de bonnes jambes, et que de notre temps il eût pu rivaliser avec *Gladiateur* ?

L'*Echo* fait le résumé des votes indépendants de M. Chauchard pendant la session de 1864, où l'on remarque le vote fameux, uni à celui de M. Jules Favre, contre l'élection de M. Royer à Grenoble si évidemment entachée de corruption,

— un vote du même genre contre M. Bravay élu dans le Gard — un autre vote contraire au gouvernement dans la question du haras — et, ce résumé lui paraissant *hautement significatif*, il part de là pour conclure que son candidat possède ce qu'il appelle, par une heureuse alliance de mots, *un dévouement indépendant*, et qu'il sait résister, comme il s'y était engagé par-devant ses électeurs en 1863, aux mesures des ministres, quand elles ne lui paraissent pas conformes au bien public. Le grand courage, en effet, qu'il faut avoir pour refuser de consacrer par son vote un fait de corruption électorale éclatant comme la lumière du soleil! Que cela est héroïque et méritoire! Combien cela vaut la peine qu'on embouche la trompette pour l'apprendre à tout l'univers! M. Chauchard a voté encore contre les ministres dans une question relative aux haras. Comme cela a dû contrarier messieurs les Ministres! Il importait donc bien au salut de l'empire que les étalons — car c'était là précisément le point — fussent nourris de luzerne dans nos prés ou de foin dans les écuries de l'Etat? Et sans doute la résistance aux mesures des Ministres était plus conforme au bien public dans une telle question qu'elle ne l'eût été dans celle du Mexique, dans celle du Danemark, dans celle d'Allemagne et tant d'autres que nous verrons dans leur lieu. Franchement, l'*Echo* pense-t-il bien servir la cause de son candidat en la défendant de cette sorte? Pense-t-il, par l'énumération pompeuse de votes sans importance aucune qui ont pu être désagréables aux ministres, faire oublier et pardonner tant de votes agréables qui ont été funestes? S'il était permis de sourire en pareille matière, et si je ne craignais de chagriner le vénérable Rédacteur de l'*Echo*, je lui dirais qu'il m'a rappelé cet avocat candide qui, plaidant pour un parricide, disait à ses juges, médiocrement touchés de son éloquence, que son client n'avait jamais pu voir de sang-froid tordre le cou à un poulet. Il est vrai que l'avocat plaidait d'office, et qu'en pareille situation on n'a pas le choix des arguments.

Puisque la question d'indépendance est posée et que l'*Echo* a cru devoir toucher à cette matière délicate, nous voulons lui indiquer un point de vue, qui paraît lui avoir échappé, et qui pourtant pourrait n'être pas absolument inutile pour l'effet qu'il se propose de produire. Je veux parler de l'abstention. C'est un procédé commode, qui concilie d'une façon merveilleuse l'indépendance et le dévouement, et surtout cette forme particulière du dévouement qui est le désir, je ne dis pas l'art, de ne pas déplaire. Je ne sais si je me fais illusion : mais il me semble bien que j'ai trouvé dans le dossier de M. Chauchard quelques pièces curieuses, sous ce rapport. Je les recommande à l'*Echo*, s'il lui prend envie d'offrir de nouveaux échantillons de *dévouement indépendant* à ses lecteurs.

Le 19 avril 1865, un amendement est présenté au projet *d'Adresse* pour féliciter les Etats-Unis d'avoir triomphé de l'esclavage. M. Chauchard s'abstient. Pourquoi? Est-ce que dans une question de ce genre un esprit libéral peut hésiter? Est-ce que M. Chauchard est un partisan de l'esclavage ? Non, et je ne serai pas sur ce point démenti par l'*Echo*. Mais on ne voulait pas déplaire à M. le Ministre d'Etat, qui combattait l'amendement par un sentiment de dignité douteuse, à cause du voisinage du Mexique et de la grande République. Le 8 avril, un autre amendement avait été présenté en faveur de l'instruction gratuite et obligatoire. M. Chauchard s'abstient encore malgré ses sympathies très-connues pour l'instruction publique et pour M. Duruy. En votant il pouvait concilier ce qu'il doit à son opinion et son désir possible de complaire à M. Duruy. Mais qu'est-ce que M. Duruy auprès de M. le Ministre d'Etat, qui ne veut pas entendre parler de cet enseignement gratuit et obligatoire, lequel sent trop son origine démocratique? Il faut donc un échappatoire, et trouver le moyen de ne pas blesser un ami, surtout de ne pas froisser la plus forte et la plus ombrageuse des deux puissances. Le 5 mai, un incident est élevé par M. Lanjuinais ; il s'agit de la communication des procès verbaux de la commission du budget. L'incident avait son importance, puisqu'il intéressait les prérogatives de la Chambre et pouvait avoir pour résultat de jeter de la lumière sur la situation financière. M. Chauchard s'abstient. Il ne peut que trouver la proposition juste et conforme au bien public ; mais qu'aurait dit M. le Ministre des finances ?

J'en passe et des meilleurs : il y en a assez pour édifier les électeurs. Que l'on résiste aux Ministres ou qu'on se réfugie dans l'abstention et la neutralité, on a toujours soin de ne pas perdre l'équilibre ni la position d'ami du premier degré. La vérité est que ces caprices du sens propre dont nous avons parlé, ces distractions du dévouement indépendant sont de vaines résistances, à peine importunes, qui ne changent rien au fond des choses, et sont loin de troubler l'harmonie générale du système. Ce sont de petites concessions qu'il faut faire à la faiblesse humaine, que les Ministres comprennent sans peine et excusent sans effort. Ce ne sont d'ailleurs que des dissonnances légères qui servent à l'effet total de l'œuvre bien plus qu'elles n'en rompent la puissante unité. Qu'importent aux jours ordinaires quelques voix isolées qui détonnent, quelques fugues solitaires et honteuses d'elles-mêmes, si dans les grands jours tout le chœur a les yeux fixés sur le bâton du chef d'orchestre et que les voix, même les plus capricieuses, se rencontrent dans un accord parfait sous l'empire d'un sentiment commun ?

Nous allons voir si ce sentiment est bien celui que réclame la politique libérale.

III

L'*Echo de la Haute-Marne* continue à édifier ses lecteurs ou à s'en moquer. Il n'a pas su trouver de meilleur moyen pour patronner son candidat émérite que de renier sa politique, et pour le recommander aux suffrages de la population libérale de notre pays, que de regretter qu'il n'ait pas été libéral. On ne saurait pas être plus habile. Décidément le vénérable rédacteur de l'*Echo* a des façons de montrer les choses qui sont les plus plaisantes du monde, — effets inattendus d'une longue sagesse; et je ne doute pas qu'en se relisant il ne se dise comme Sosie :

Peste! Où prend mon esprit toutes ces gentillesses?

Il est certain du moins que tout cela fait sur le public la plus heureuse impression : on admire tout dans cette forme nouvelle de panégyrique et cette force de logique qui confond le *oui* et le *non*, et cette jeunesse d'un style fleuri, preque lyrique, où l'on nous parle d'un député qui « a trop laissé la prudence retenir les élans de son libéralisme, » ce qui nous permet de nous représenter M. Chauchard sous l'image originale d'un coursier fougueux, blanchissant d'écume, qui se modère lui-même. Une chose cependant est à craindre, et je me demande si l'*Echo* y a bien réfléchi. Ne peut-il pas arriver que cette prudence excessive dont il nous parle soit moins considérée comme une vertu que comme un vice? Il nous est bien difficile, dans notre pays, de discerner ce genre de prudence d'avec la peur.

La peur! le mot a été dit à la tribune il y a quelques jours; et c'est le mot propre, le mot vrai, jusque-là qu'il vient à la bouche même des amis de la Majorité, et qu'il perce à travers tous les vains euphémismes sous lesquels leur pensée se déguise. M. Chauchard « *a trop laissé la prudence retenir les élans de son libéralisme.* » L'aveu est précieux à recueillir. Qu'avez-vous donc à nous parler d'aspirations libérales et progressives? Et que nous font des aspirations stériles, que la peur refroidit et paralyse? Vous ajoutez en vain qu'elles ont été affirmées par des votes. Ces votes, je vous défie de nous les montrer. Vous tromperiez vos lecteurs que vous ne vous tromperiez pas vous-mêmes. La vérité est dans le mot qui vous a échappé, et, si vous voulez bien fixer vos souvenirs et les soumettre à une sérieuse analyse, vous verrez que cette vérité doit être traduite ainsi : quand la Majorité regarde en haut, elle a peur du Pouvoir ; quand elle regarde en bas, elle a peur de la liberté ; c'est entre ces deux fantômes qu'elle légifère.

Mais il est temps d'en venir à une démonstration rigoureuse.

On connaît la scène plaisante du *Malade Imaginaire* dans laquelle Toinette, déguisée en médecin, propose à Argan de lui couper un bras pour faire profiter l'autre, et de lui crever l'œil droit, qui, suivant elle, incommode l'œil gauche et lui dérobe sa nourriture. Ce singulier moyen de guérison, que le malade repousse, malgré toute son infatuation, est accepté quelquefois par les peuples, et même érigé en système par leurs conducteurs. C'est la loi du balancement des organes transportée de l'histoire naturelle dans la politique, avec cette différence toutefois que, si les applications en peuvent être aussi bizarres dans la politique que dans l'histoire naturelle, les effets n'en sont pas tout à fait les mêmes. Les peuples, alors que, par caprice ou par besoin, ils se livrent aux mains des expérimentateurs, et qu'on les traite comme le personnage de Molière proposait de traiter son malade, s'en tirent d'ordinaire autrement que ne font les individus. Tantôt l'organe qu'on a voulu soustraire, n'est que paralysé et reprend avec le temps sa vitalité première ; tantôt l'expérimentateur lui-même, épiant le retour à la vie ou sentant qu'il est inévitable, remet l'organisme dans ses conditions normales et répudie son système.

J'entends dire que cette dernière chance est la meilleure. Le plus sûr pourtant est de ne pas s'y fier. Aussi bien, s'il est certain que nous avons été le sujet d'une première expérimentation et que le décret du 24 Novembre 1860 et la lettre du 19 Janvier 1867 s'expliquent par le désir d'en faire une seconde en sens contraire et de replacer la France dans ses conditions normales d'existence brusquement troublées, il l'est un peu moins que ce désir soit devenu une réalité.

Il est vrai, si l'on s'en tenait aux apparences, on pourrait se faire illusion et croire que l'organe supprimé dans l'intérêt des autres a retrouvé sa vitalité. Le silence de la tribune a cessé. Le régime discrétionnaire auquel la presse était soumise, a fait place au régime légal. Le droit d'interpellation a été restitué aux mandataires du pays. Une loi a été faite sur le droit de réunion. Est-il bien certain cependant que la France soit en possession de ses destinées, que ce soit sa volonté réelle, actuelle, vivante, qui pénètre dans le parlement, qui du parlement arrive à la couronne, et qui inspire ses résolutions? La France éclairée s'obstine à ne pas le croire. Et quand M. Thiers disait, il y a quelques jours, qu'elle était « exposée à s'éveiller un matin surprise par l'ordre donné à « ses enfants de courir à la frontière pour y verser tout son « sang, » il lui semblait entendre l'écho de sa propre voix, et pour ainsi dire le cri même de la réalité des choses. Cela décide tout et rend toute illusion impossible. La paix et la guerre sont-elles dans nos mains? Pouvons-nous à notre gré lancer ou retenir la foudre? Dépend-il de nous de faire cesser l'affreux cauchemar qui pèse depuis trois ans sur les poitrines et les empêche de respirer? Non ; c'est assez dire que nous sommes aujourd'hui ce que nous étions hier et que notre mécanisme constitutionnel, si modifié qu'il ait été, n'a pas encore repris sa vitalité, ou que l'organe rendu, trouve au dehors des obstacles qui l'empêchent de fonctionner.

Cette situation, bien qu'elle soit à peine indiquée, suffit pour nous éclairer sur le caractère de la politique de la Majorité et fixer la mesure de sa foi dans la liberté. A qui s'en prendre, en effet, si ce n'est à elle, de l'insuccès de l'expérience dont nous avons été le sujet? On ne peut s'en prendre qu'au Pouvoir qui a posé les principes dans la lettre du 19 janvier, ou au Pouvoir chargé de faire passer les principes dans les lois. Or, comme il est inadmissible qu'on puisse avoir eu l'idée de donner d'une main pour retirer de l'autre, il faut bien que la responsabilité de l'échec tombe sur la Majorité. On lui avait fourni une occasion excellente de faire de la politique libérale ; c'était à elle d'en profiter.

J'insiste sur ce point. Il m'est agréable de ne pouvoir trouver qu'un coupable, quand tant de personnes s'évertuent à en trouver deux.

Ce qui me confirme dans l'idée que c'est à la Majorité qu'il faut s'en prendre de l'avortement des espérances conçues le 19 janvier, c'est son tempérament connu, ce sont ses antécédents. Le tempérament propre, le caractère distinctif de la Majorité, c'est la peur de la liberté. Elle a vu dans sa jeunesse enfler le mannequin du socialisme, et bien qu'elle dût ne pas ignorer comment la chose se pratiquait et dans quelles fins, elle en a été vivement frappée, tellement que la peur lui est restée dans le sang. Le monstre appartient aujourd'hui à la paléontologie et, pour tous les bons esprits, il est définitivement classé parmi les échantillons des races antédiluviennes. Pour la Majorité il est toujours vivant : elle a conservé l'impression première. Il semble même que, comme l'enfant de la ballade de Gœthe, plus elle avance, plus l'illusion grandit et lui montre le Roi des Aulnes, avec sa couronne et sa queue, dans la traînée confuse de brouillards. Comment pouvait-elle donc se prêter à la politique libérale inaugurée par la lettre du 19 janvier ? Sans doute on pouvait compter qu'elle ferait un grand effort sur elle-même dans cette circonstance aussi solennelle. Il n'y a rien de difficile pour les grandes âmes. On pouvait d'autant plus espérer qu'elle résisterait cette fois à son tempérament, naturel ou acquis, que, par une faveur du ciel bien inattendue, et par cela même bien précieuse, elle était aidée dans son effort, puisqu'il lui était donné de combattre l'une de ses passions maîtresses par l'autre, d'opposer à la peur de la liberté cette vertu du dévouement, si douce à exercer, qui se puise dans le désir de ne pas déplaire. Mais c'était trop présumer de la nature humaine. On ne dépouille pas ainsi le vieil homme ; le poltron ne devient pas, au premier commandement, un héros.

Ceci nous ramène à M. Chauchard.

Nous en demandons bien pardon à l'*Echo*, qui nous parle si imprudemment des *aspirations libérales* de son candidat : c'est son candidat lui-même qui lui en donnera le démenti. C'est lui qui va établir ce que nous venons d'avancer ; c'est lui qui nous dira si les lois que la Majorité a été chargée de faire pour la liberté politique, n'ont pas été faites contre la liberté politique, et comment s'est changée en un plomb vil l'or pur qu'on avait remis entre ses mains et qu'elle devait travailler.

IV.

Quelles que soient nos préventions ou nos préjugés en faveur du Pouvoir constituant dans la question que nous examinons, nous ne pouvons pas le dissimuler, l'œuvre confiée aux soins de la Majorité après le 19 janvier était délicate. L'enfant né ce jour-là n'était pas précisément dans les meilleures conditions de vitalité. Il procédait d'une paternité multiple — notre ancien commissaire de la République, M. Emile Ollivier a eu soin d'apprendre à l'univers la part qu'il avait le droit d'en réclamer ; — les auteurs de ses jours ne semblaient pas être doués d'un tempérament bien robuste ; on peut croire que, s'il avait été conçu sans péché, il l'avait été sans trop d'amour, au moins de la part de l'une des parties, ce qui est aussi, au dire de quelques physiologistes, une sorte de tache originelle. L'enfant était donc assez mal venu et de complexion assez débile. Il pouvait vivre cependant : il avait, si faible qu'il fût, le principe de liberté dans son sang. Cela suffisait ; il aurait pu même prospérer, s'il était tombé entre des mains bienveillantes, si ceux qui l'avaient adopté et qui étaient chargés de l'élever, ne lui avaient pas ôté les moyens de vivre.

Parlons sans figures. Je ne l'ignore pas, les orateurs de la Majorité et même du Gouvernement prétendent que la liberté politique existe, qu'elle a ses organes essentiels, la liberté de la presse, par exemple, le droit d'interpellation, la liberté électorale, le droit de réunion. Mais c'est ici que j'interpelle M. Chauchard, que je le fais juge entre les orateurs officiels et leurs adversaires, et je le charge de me dire si nous avons la réalité, ou, comme le dit M. Thiers, la comédie de la liberté. Je ne lui adresserai qu'un petit nombre de questions : si je ne me trompe, il trouvera que c'est assez.

M. Chauchard peut-il croire que la liberté de la presse soit une vérité, étant soustraite à la juridiction de l'opinion› c'est-à-dire du jury ?

M. Chauchard peut-il croire que le droit d'interpellation soit une vérité avec les entraves dont il est chargé et qui annulent, dans toutes les questions importantes, le droit de la Minorité, lorsque d'ailleurs il ne s'exerce qu'après les faits accomplis et les fautes commises ?

M. Chauchard peut-il croire que la liberté électorale soit une vérité avec le système de candidatures officielles, qui égare le suffrage universel par cela même qu'il prétend le diriger, avec le vote à la commune, qui rend la surveillance des manœuvres coupables impossible, avec la pression exercée sur les populations ignorantes par les autorités locales, avec l'habileté de mains qui coupe et découpe, de la façon que l'on sait, les circonscriptions et noie le suffrage des villes dans celui des campagnes, avec l'impunité assurée aux fonctionnaires violateurs de la loi par le fameux et funeste article 75 de la Constitution de l'an VIII, enfin avec l'obscurité profonde où sont laissées les campagnes et qui les met dans l'impossibilité, sur presque tous les points du territoire, de connaître leurs affaires et de démêler leurs véritables intérêts ?

M. Chauchard peut-il croire que la liberté de réunion soit une vérité avec le cortège embarrassant de précautions, savamment compliquées, dont elle est entourée, et qui a permis de dire à M. Thiers, aux applaudissements de ses amis et sans être contredit par la Majorité, renfermée cette fois dans la pudeur du silence, que « en France on est arrivé à ce point que pendant la période électorale on ne peut pas se réunir ? »

J'affirme hardiment qu'il ne le peut pas, et je le défie d'oser écrire le contraire : il y a des choses qu'on vote, mais qu'on n'écrit pas. Il sait parfaitement que ces quatre grandes libertés, la liberté de la presse, le droit d'interpellation, la liberté de se réunir, la liberté électorale, conditions essentielles de la liberté politique, et qui ne sont pas les seules, sont devenues autant de fictions entre les mains de la Majorité. M. Chauchard est un esprit éclairé. On n'est pas nommé cinq fois député dans un département comme la Haute-Marne, si habile que l'on soit ou si rompu que l'on puisse être aux métamorphoses, sans avoir cette capacité relative, cet ensemble de principes et de lumières qui est le fonds de l'homme éclairé. Il n'est pas non plus un traîneur de sabre, ni le rejeton attardé de quelque voltigeur de Coblentz : il est de son temps et de son pays. C'est ce qui m'autorise à dire qu'il ne peut répondre affirmativement aux questions que je lui ai posées. S'il le pouvait, il serait le seul esprit éclairé de son espèce, je ne dis pas en France, mais en Europe, avec M. de Persigny. D'où vient donc l'énorme écart qui se rencontre entre ses votes et ses idées ? De cette maladie sénile, qui s'appelle la peur de la liberté.

Des deux passions de la Majorité, celle-ci a été la plus forte. Il a dû bien lui en coûter de sacrifier l'autre.

La peur de la liberté qui éclate si visiblement dans le concours apporté par la Majorité à la confection des lois, organes de la liberté politique, se rencontre également dans la participation qu'elle a prise, par ses votes divers, à l'application de ces lois. Pour le démontrer il n'y a qu'à se rappeler quelques récents souvenirs.

Je laisse de côté le droit d'interpellation et la liberté électorale, parce qu'enfin on ne démontre pas l'évidence ; je m'arrête seulement à la liberté de la presse et au droit de réunion, et je demande à M. Chauchard si c'est bien l'esprit libéral qui dicte au Gouvernement sa conduite dans l'application de ces deux lois, et qui souffle à la Majorité ses votes quand la conduite du Gouvernement est soumise à son contrôle.

Dans l'espace de treize mois, le Gouvernement a fait 118 procès à la presse ; il a fait prononcer contre les écrivains 9 ans de prison, plus un mois et 25 jours, et 9 ans d'interdiction des droits civiques ; il leur a fait payer plus de 135,000 francs d'amende. Ainsi en France, dans une seule année, la presse s'est vue plus rudement éprouvée qu'en Angleterre dans l'espace de plus d'un demi-siècle. Et l'on appelle cela de la liberté ? Etrange liberté, qui a pour résultat d'emprisonner et de ruiner ceux qui ont le courage d'en faire usage ! C'est presque à faire regretter la servitude. C'est que la servitude n'a fait que changer de forme ou se perdre dans un état pire ; c'est qu'en faisant succéder, comme l'a dit M. Thiers, les procès aux avertissements, on n'a fait que régulariser l'état de guerre dans ses rapports avec la presse et légaliser contre elle le droit du plus fort.

La liberté de se réunir n'a pas eu un sort meilleur. Il n'est pas besoin de rappeler comment elle a été comprise et pratiquée à Nîmes, à Alais, pendant la période électorale ; comment, à Paris, elle a été en partie suspendue, sous le prétexte que, dans certaines réunions, la politique s'est mêlée à l'économie politique, qu'on y a parlé de Napoléon Ier d'une manière irrespectueuse, et fait remonter la critique de sa politique fatale à celle de son héritier. Personne n'ignore qu'elle est simplement une machine de guerre dressée contre cette liberté politique qu'elle était destinée à protéger. Mais ce qu'il importe de faire remarquer, c'est qu'elle a eu cette conséquence de devenir une menace, comme l'a prouvé M. Jules Simon dans son éloquent discours du 10 avril, pour la liberté des réunions privées, « pour le premier et le plus » incontestable des droits du citoyen, d'un droit qui n'avait » jamais été contesté, le droit d'être le maître depuis le seuil » de sa porte jusqu'à l'extrémité de sa muraille : » conséquence inouïe et fort inattendue qui donne la mesure du libéralisme des Ministres, et de celui de la Majorité.

Je ne veux pas poursuivre plus longtemps M. Chauchard sur ce terrain. Si la Majorité est libérale, elle l'est sans les conditions essentielles du libéralisme chez le député, l'indépendance envers le Pouvoir et la foi dans la liberté.

En effet, quel est en dernière analyse, le bilan de son libéralisme pour chacune des deux phases qu'a parcourues le régime impérial? Dans la première, elle a voté toutes les lois proposées par le Gouvernement contre la liberté ; dans la seconde, qui se caractérise par le mot de M. Emile de Girardin, « croiser le Gouvernement personnel avec le Gouvernement parlementaire, » combinaison parfaitement chimérique et inféconde, elle ne s'est associée à l'œuvre, bien qu'elle ne pût se faire illusion ni sur sa nature, ni sur son résultat, qu'avec un dévouement tempéré par la peur. C'est qu'on n'échappe pas à ses instincts; c'est aussi qu'on ne change pas la nature des choses. Et — ici la scène de Molière nous revient involontairement à l'esprit — nous ne pouvons nous empêcher de conclure que, si le système recommandé par Toinette est toujours d'une application facile en politique, pour peu que le patient s'y prête, il n'est pas aussi facile de revenir sur ses conséquences, même avec la bonne volonté — évidente dans l'espèce — de l'expérimentateur, et que les peuples sont bien avisés qui, dans leurs maladies imaginaires, prennent le parti d'Argan et refusent de donner un bras à couper ou un œil à crever dans l'intérêt du reste.

Il s'agit d'examiner maintenant si le reste lui-même trouve son profit à l'opération, si la Majorité qui n'a pas été libérale, a su être conservatrice.

VI.

Il y a plusieurs sortes de Conservateurs :

Il y a les Conservateurs de l'Ecole de Figaro, dont la maxime est que « ce qui est bon à prendre, est bon à garder ; » c'est la catégorie des révolutionnaires convertis ; — conservateurs d'autant plus fervents qu'ils ont beaucoup à se faire pardonner, et d'autant plus âpres à la possession qu'ils ont longtemps convoité. Il faut ranger dans cette classe les Conservateurs qui commencent par abattre l'édifice pour s'y faire une place à conserver.

Il y a les Conservateurs de l'Ecole de ce roi de Pologne dont on a dit :

Quand Auguste buvait, la Pologne était ivre ;

C'est la catégorie des *satisfaits*, pour qui tout est au mieux — honnêtes gens qui sont bien près de croire que c'est pour eux seuls que le monde a été fait.

Il y a les Conservateurs que Lamartine a flétris un jour d'une épithète célèbre, esprits étendus et sublimes, qui tremblent pour notre planète et la voient déjà égarée dans l'espace, si l'on parle d'en déplacer ou d'en niveler la moindre taupinière. C'est la catégorie *des bornes.*

Il y a enfin des Conservateurs qui croient que la société repose sur certains principes nécessaires, que ces principes ont été consacrés par la Révolution de 1789, que la politique doit avoir pour but de les protéger et d'en favoriser l'application, qu'il faut enfin s'y renfermer comme dans une citadelle, et les préserver de l'esprit de nouveauté et de système. C'est la catégorie des Conservateurs qui composait les deux Majorités de 1848 et de 1849 et dont le dogme social est formulé dans la trinité célèbre : la religion, la famille et la propriété : — Conservateurs naïfs parfois dans les moyens de conserver, qui « chargeaient l'Académie des Sciences morales et politiques de terrasser le socialisme, et de sauver la famille et la propriété, comme le disait spirituellement M. Jules Simon, au moyen de brochures à vingt-cinq centimes ; » mais conservateurs sincères et honnêtes ; catégorie mêlée d'éléments très-divers, mais tous animés par une pensée commune, la légitimité de la société actuelle, et réunis dans un effort commun, dans la résistance aux doctrines tendant à y substituer une société nouvelle.

Il serait malséant de dire que notre Majorité appartient aux premières catégories de Conservateurs que nous avons établies. Elle n'a rien pris ; elle n'a rien renversé ; c'est tout au plus si elle a approuvé les renversements ; elle n'a donc pas eu à se transformer de révolutionnaire en conservatrice. On y trouverait des satisfaits ; mais à des degrés bien divers, surtout depuis Rome, le Mexique, Sadowa et le traité de commerce ; on y compterait aussi bien des *bornes ;* mais l'immobilité n'est pas non plus son caractère distinctif, à en juger par le chemin que lui a fait faire cette politique inquiète qui a touché à tout, qui a tout remué de ce qu'elle a pu dans le monde. A tout prendre, elle a hérité des Majorités républicaines qu'elle a remplacées ; c'est le même esprit de conservation qui l'anime ; c'est leur devise qu'elle a adoptée, et, si elle a changé de drapeau politique, c'est sans doute qu'elle a espéré mieux protéger ainsi le programme social de ses devancières.

La question en ce moment est de savoir si elle n'a pas été déçue dans son espérance, si la famille, la propriété, la religion, les trois grandes choses que l'esprit de conservation veut sauvegarder avant tout, ont trouvé une protection plus sérieuse, plus efficace auprès de la Majorité actuelle qu'auprès des précédentes, déclarées par elle impuissantes.

Commençons par la religion. *Ab jove principium* ; et par la religion, nous entendons la religion catholique, celle que le parti conservateur avait plus particulièrement le dessein de protéger. Eh bien ! est-ce que la religion a gagné quelque chose depuis dix-huit ans ? Je n'hésite pas à dire qu'au lieu d'avoir gagné elle a perdu, que, sur ce point comme sur beaucoup d'autres, l'esprit conservateur a rencontré bien des mécomptes et que c'est à la Majorité qu'il doit s'en prendre. Ce n'est pas elle qui a fait la guerre d'Italie, qui a laissé prendre les quatre cinquièmes du Patrimoine de Saint Pierre, qui a réduit le Pape à la portion congrue, qui a ouvert le chemin du Capitole à Victor-Emmanuel, qui tient la Convention du 15 septembre comme une épée de Damoclès suspendue sur la tête de la Papauté ; mais n'est-ce pas elle qui a rendu ce résultat possible en approuvant tous les actes qui l'ont préparé et amené ? Et ce résultat était infaillible ; il etait renfermé dans le premier de ces actes, la déclaration de guerre à l'Autriche, comme l'épi est contenu dans le grain qu'on met en terre. Quel est l'esprit clairvoyant en Europe qui ne l'ait pas prévu dès le premier jour ? Si le Gouvernement est coupable, soit d'imprévoyance, ce qui serait déjà fort grave, soit de préméditation, ce qui serait plus grave encore dans une telle question, il a un complice dans la Majorité ; car la Majorité existe non pas pour contre-signer, mais pour contrôler les faits et gestes du Gouvernement.

Le Clergé et les hommes politiques qui n'ont pas rompu avec les traditions de l'esprit conservateur, s'en souviendront-ils aux élections prochaines ? Assurément, et à moins que la conscience religieuse et l'esprit politique ne leur manquent également, ils tiendront compte, entre autres, du vote du 15 avril 1865 relatif à l'amendement au Projet d'*Adresse* présenté par MM. Millet, Conseil, de Saint-Germain, etc., amendement qui proposait de garantir l'indépendance du Saint Siége, amendement rejeté par M. Chauchard.

Invoquera-t-on encore ici « *la pression de certains périls et de certaines circonstances ?* » L'*Echo*, qui a su si bien dire que M. Chauchard avait sous cette pression « *trop laissé la prudence retenir les élans de son libéralisme*, » reviendra-t-il à son argument favori, et nous apprendra-t-il que son candidat a été encore obligé de se faire violence et de retenir aussi les élans de son Catholicisme ? Ce serait du dernier plaisant. Mais qui tromperait-on par une nouvelle exhibition de cet argument à toutes fins, qui se prête si complaisamment à toutes causes et dispense si aisément de toutes raisons ?

On dira peut-être aussi que la Majorité a fait amende honorable depuis le 15 avril 1865, qu'elle a retrouvé assez de courage pour être moins prudente, que rappelée par la parole éloquente et sensée de M. Thiers à ses instincts, elle a imposé à M. Rouher son fameux *jamais ;* et nous le reconnaissons, l'argument est plus sérieux. Est-il plus décisif ? Ce changement d'attitude de la Majorité, qui a coïncidé avec un changement à vue dans celle du Gouvernement, changera-t-il les faits accomplis et « cette force des choses » sur laquelle les auteurs de la Convention de septembre comptent tant au-delà des Alpes et peut-être en deçà, si nous en croyons une dépêche célèbre de M. Drouyn de Lhuis ? Et puis le changement à vue du Gouvernement ne peut-il pas être remplacé par un autre ? Ce ne sont pas les coups de théâtre qui manquent sur notre scène. Il faut se le tenir pour dit, le chassepot aura vainement *fait merveille* à Mentana. Il y a tout un passé irrévocable ; il y a un poids d'événements accomplis contre lequel on se redressera en vain. L'Italie arrivera à Rome avec la France ou malgré la France : C'est là un effet inattendu de la grande politique qui a si bien triomphé à Sadowa. Il n'est pas un homme éclairé en Europe qui n'en soit persuadé ; et le *jamais* de M. Rouher n'est pour tous ceux qui entendent quelque chose aux affaires de ce monde, qu'un expédient, un échappatoire, pour ne pas dire un de ces jeux de bascule où excellent les politiques mal assises ou les politiques aux abois.

Voilà donc ce qui est devenu dans la politique servie par la Majorité le premier des trois termes de la devise conservatrice : d'un côté, la Papauté naguère rétablie par la Majorité républicaine, ébranlée aujourd'hui, amoindrie, menacée dans son existence par une autre Majorité, qui avait précisément la prétention de mieux faire, des milliers de consciences honnêtes inquiètes pour le présent et obligées pour l'avenir de compter sur un miracle pour échapper au spectacle d'une grande ruine ; et, d'un autre côté, les esprits politiques à qui la consolation du miracle manque, placés devant la perspective troublante d'une lacune dans le monde moral, et d'une lacune assez embarrassante à remplir.

Passons à la famille : elle ne paraît pas avoir eu beaucoup plus à se louer que la religion de la politique que nous apprécions.

VII.

Faisons une hypothèse : supposons que nous soyons gouvernement, et demandons-nous ce que nous aurions à faire si nous avions le dessein d'affaiblir le principe de la famille, d'ébranler la pierre du foyer, fondement de l'édifice social, ou de la miner.

Nous retarderions le plus qu'il se pourrait l'époque du mariage pour les hommes ; nous concentrerions les jeunes gens en grandes masses dans les villes, ce qui y attirerait infailliblement un grand nombre de jeunes filles, et, attendu que l'on ne supprime pas la nature en supprimant le mariage au temps fixé par des lois éternelles, des liaisons passagères, des amours sans lendemain et sans fruit remplaceraient les unions durables, les fermes et fécondes affections de la famille. Si donc nous avions le bonheur de vivre dans une société assez sage pour se croire obligée de se faire garder par des armées permanentes, nous augmenterions le nombre de nos soldats, et nous porterions le contingent annuel de soixante mille hommes à quatre-vingt, de quatre-vingt mille à cent mille, quelquefois à cent quarante mille; nous interdirions le mariage à certaines catégories d'officiers, pour tous nous l'entourerions de tant de difficultés qu'il deviendrait pour le plus grand nombre une impossibilité ; nous prolongerions la durée du service ; et dépouillant ainsi les fils des campagnes de leurs impressions premières, leur donnant avec de nouvelles habitudes de nouveaux besoins, nous les riverions au pavé des villes ;

Nous appellerions le plus de travailleurs possibles dans les grandes villes, et, comme un sexe attire aussi sûrement l'autre que l'aimant attire le fer, nous accumulerions ainsi les jeunes gens des deux sexes, naguère disséminés sur de vastes étendues, dans d'étroits espaces, où les éléments combustibles, plus rapprochés, ont plus de chance de s'enflammer, là où les freins qui retiennent la jeune fille et la protégent sous les yeux de sa famille, ne subsistent plus, là où toutes les facilités sont données aux jeunes hommes pour la satisfaction de la plus violente des passions, où les spectacles les plus irritants s'étalent sous les yeux et attisent les ardeurs de la jeunesse du souffle de leur contagion ;

Nous voudrions faire de notre Capitale une nouvelle Babylone, mais plus brillante et plus corrompue que l'ancienne ; nous voudrions y attirer tous les désœuvrés des deux mondes, leur offrir tous les moyens aimables de dépenser leur argent, tous les enchantements des oreilles et des yeux, toutes les élégances de la volupté ; nous voudrions que les exemples du luxe vinssent de haut, afin que, bien vu et bien admiré, il pût être par tous imité ; nous voudrions montrer les courtisanes chargées d'or et de pierreries, parées de toutes les séductions que l'art sait ajouter à la nature, nageant dans toutes les délices d'une civilisation opulente et raffinée, afin de faire rougir la vertu de ses fades plaisirs et de sa niaise simplicité ; et attirant les regards sur les régions naguère voilées du demi-monde, nous en ferions briller les fausses splendeurs aux yeux de la foule éblouie, afin d'inviter les beautés grelottantes à y monter ;

Nous négligerions le grand art qui ennoblit l'âme des peuples en tournant leurs regards vers les hautes régions de l'idéal, qui nourrit et fortifie les passions généreuses, qui purifie même les passions vulgaires en les faisant passer par la flamme sacrée ; nous réserverions nos faveurs pour les petits théâtres où le nu est le grand moyen dramatique, où tout l'art consiste à faire mouvoir et poser des tableaux vivants, où la famille, dans son principe et dans sa forme consacrée, est l'éternel objectif de la moquerie, et, si pour obéir à la tradition ou à un caprice souverain, nous devions dédier un monument à une des formes supérieures de l'art, nous y placerions de préférence celle qui se prête à de honteuses alliances, de telle sorte que, tout en écoutant les grandes et pures inspirations de Meyerbeer ou de Mozart, la jeune fille pût apprendre à façonner ses membres délicats, comme la vierge romaine dont parle le poëte, aux inflexions les plus savantes de la volupté ; nous dépenserions enfin trente ou quarante millions pour élever un temple du plaisir envié de tout l'univers.

De cette façon nous réussirions infailliblement dans notre dessein ; et l'atteinte profonde portée à la famille se marquerait bientôt dans le progrès toujours croissant de la prostitution, dans l'accroissement du nombre des unions illégitimes, des célibataires, des enfants naturels, des séparations de corps et de biens, de l'état stationnaire de la population du pays ; ce qui ne nous empêcherait pas de monter au Capitole et de dire *orbi* et *urbi* que nous avons sauvé la famille et chassé les barbares qui voulaient la détruire.

Je reviens à la Majorité et à M. Chauchard.

La Majorité, en s'associant à cette politique, a cru suivre les traditions de l'esprit conservateur; soit : les Majorités, prises en masse, se payent facilement de mots, comme notre espèce même, dont elles expriment assez bien le caractère, alors même qu'elles sortent du suffrage universel frelaté ; mais, prises séparément, considérées dans les individus qui les composent, sont-elles bien aussi naïves ? Je doute que M. Chauchard ait cru qu'il avait le droit de monter au Capitole avec ceux qui ont sauvé si singulièrement la famille contre l'invasion des Barbares. Les gens qui ont l'honneur de le connaître, disent qu'il a trop de sens pour cela ; et je suis tout porté à penser avec eux que dans son for intérieur il laisse volontiers aux *aigles* de la Majorité une pareille prétention. Pourquoi donc la complaisance tenace, ou la docilité intrépide avec laquelle il a prêté son concours à cette étrange politique conservatrice ? Pourquoi donc n'a-t-il pas opposé une seule fois son *veto* à ces contingents écrasants qui ont jeté la perturbation et quelquefois la ruine dans tant de familles, à ces guerres meurtrières qui ont fauché des générations entières dans leur première vigueur, à ces travaux des villes qui ont pour effet d'arracher tant de gens aux influences et aux habitudes salutaires de la vie domestique, de développer le luxe, d'ouvrir de plus larges voies aux passions mauvaises, et, pour tout dire en un mot, à cet ingénieux système qui a cru que la meilleure manière d'enrichir le sol et la population, c'était tout simplement de remuer des moellons et des soldats ?

Disons-le pour finir ; non, ce système, qui mine la famille, ne peut avoir pour conséquence de fortifier la société et d'engendrer les mâles vertus. Il y a quelques jours on nous disait d'un Chef d'Etat qu'il avait développé en France « ces mâles vertus qui fondent les empires » : illusion respectable d'une auguste reconnaissance, mais illusion démentie par l'histoire et par la philosophie. Les mâles vertus des armées de la République et de l'Empire ne s'étaient pas formées dans les camps ; elles s'y étaient seulement montrées ; c'est dans la famille,

Noble nid où s'accroît l'envergure des aigles,

qu'elles avaient pris le germe de leur puissance et de leur virilité. La politique qui se rattache au nom de ce Chef d'Etat, ne semble pas préparer les rares vertus qu'il avait trouvées et dont il sut si habilement et si malheureusement user. S'il sort des aigles du nid qu'elle a prétendu prendre sous son abri, c'est que la chaleur et le vent seront venus d'ailleurs.

Passons à la propriété.

VIII.

On aura de la peine un jour à comprendre que dans un pays tel que le nôtre, qui se pique de tant de sens, et qui compte les propriétaires du sol par millions, on ait pu s'inquiéter sérieusement un seul jour sur l'avenir de la propriété et qu'une illusion de la peur, exploitée il est vrai, par les habiles, ait pu peser sur les destinées d'un grand peuple et le détourner brusquement de ses voies. Il n'y aura pas dans l'histoire de plus grand étonnement. Pour nous, qui sommes plus près de l'événement et de ses causes, ce n'est pas tout-à-fait le sentiment de l'étonnement qui nous domine. Je pense que tout homme qui s'examinera bien, trouvera au fond de son cœur, avec beaucoup de mépris pour les habiles, un peu du sentiment complexe que nous inspire ce personnage ridicule de la légende populaire qui se cache dans l'eau de peur de la pluie. Il y avait des théoriciens qui niaient le principe de la propriété; la belle affaire! Dans quel temps et dans quel pays cela ne s'est-il pas vu? La contagion avait gagné, et les théoriciens du néant comptaient quelques centaines de disciples; le grand miracle! et qu'est-ce donc que quelques centaines d'esprits égarés auprès de plusieurs millions de gens raisonnables et qui ont intérêt à être raisonnables?

Cela est compris aujourd'hui de tout le monde. L'esprit conservateur est revenu de son étrange méprise. On évoque vainement devant lui l'ombre du spectre rouge; il sait que ce n'est plus que l'ombre d'une ombre. La manière dont la propriété a été traitée par ceux qui l'ont sauvée, n'a pas peu contribué à ce résultat.

Il semble, à voir ce que nous avons sous les yeux, que l'ancienne maxime qui faisait de l'Etat le seul propriétaire du sol, soit encore de ce monde, et qu'elle ait réglé les rapports de la politique conservatrice avec la propriété. Il n'existe pas une des formes de la propriété qu'elle n'ait touchée soit pour la transformer, soit pour l'altérer, et qu'elle n'ait traitée comme en pays conquis. Je laisse parler ici un philosophe, qui est en même temps un orateur et une intelligence de premier ordre. « L'Etat a réduit la rente; il a démesurément accru l'impôt. Il a inauguré le système des emprunts multipliés et énormes. Il a emprunté aux plus petites bourses ce qui s'est appelé d'un assez joli nom *démocratiser* l'emprunt; il a initié aux affaires et aux spéculations les plus modestes capitalistes. Il a remplacé la loterie, dont on ne voulait plus, par l'organisation, évidemment plus morale, des primes aléatoires. Il a multiplié les institutions de crédit, ce qui peut être, suivant l'usage qu'on en fait, un instrument de spéculation ou un instrument de travail. Il a établi le libre échange. Il a pratiqué dans des conditions toutes nouvelles, et avec une sorte de furie française, la loi d'expropriation pour cause d'utilité publique.... Demain il va toucher à la vénalité des offices. Disons qu'il a sauvé la propriété, puisqu'il s'en vante, et puisqu'il affirme que la propriété était menacée par la publication d'une douzaine de pamphlets ; mais reconnaissons en même temps qu'il l'a terriblement changée. » (1)

Ce tableau où dominent les teintes adoucies, où la vérité pourtant perce à travers le voile de l'ironie, est complet ; mais il convient d'en détacher quelques traits, de les accuser fortement, si l'on veut traduire exactement l'impression que laisse la réalité.

Prenons seulement l'impôt et les résultats du traité de commerce.

Il est de principe, que l'impôt doit être strictement mesuré sur les nécessités de l'Etat, et que tout ce qui va au delà, est une atteinte à la propriété ; car enfin, s'il existe jamais une atteinte à la propriété, c'est quand on prend dans la bourse des gens ce qu'ils ne doivent pas ou plus que ce qu'ils doivent. Les doctrines, sous ce rapport, ne sont rien auprès des faits ; elles sont tout au plus des intentions de prendre ; et que me font des intentions qui ne peuvent pas être suivies d'effet ? Pour mon compte, toutes les déclamations du monde contre la propriété m'affectent moins que la

(1) *La Politique radicale*, par Jules Simon, p. 24.

perte d'un billet de cent francs pris dans mon portefeuille subrepticement ou légalement ; et, sachant par l'histoire que ces vains systèmes n'ont jamais été que des épouvantails, que le communisme n'a jamais existé qu'à Sparte, c'est-à-dire dans une république de caserne, et qu'il n'a pas plus de chance de prendre place dans la réalité que n'en a le problème de quadrature du cercle de prendre place dans la science, j'avoue que j'ai beaucoup moins peur de Babœuf que d'un *Pick-pocket*, quel que soit le costume sous lequel il se déguise, ou que d'un Pouvoir qui a le génie des conceptions ou des fantaisies ruineuses.

Je ne puis en conscience, avec ces idées, qui sont des convictions réfléchies et profondément fixées, reconnaître que le respect de la propriété a été le principe de notre conduite, quand je vois les proportions inaccoutumées que présente notre budget depuis quinze ans. En 1851, à l'époque où la propriété avait tant besoin d'être sauvée, l'impôt s'élevait à un milliard et demi environ ; au moment présent, où la propriété est sauvée à perpétuité, peu s'en faut qu'il ne soit de deux milliards et demi. Notre salut nous a coûté annuellement un peu moins d'un milliard, et pour une période de quinze ans, de douze à treize milliards. Il y a beaucoup de gens qui trouvent que c'est un peu cher. Dira-t-on qu'il s'est produit depuis des nécessités nouvelles ? Croyons-le, puisqu'on nous le dit : mais ces nécessités, qui les a créées ?

Je passe les *onze* emprunts qui ont été décrétés et accomplis, et qui prouvent qu'on n'a pas voulu nous sauver seulement dans le présent, mais encore assurer notre salut dans l'avenir ; j'aurai sans doute l'occasion de toucher à ce point plus tard. Mais je veux m'arrêter au libre échange. C'est là qu'éclate dans tout son jour ce profond respect de la propriété dont se pique la Majorité.

Le Corps législatif donnait il y a quelques jours un curieux spectacle. Dans sa séance du 18 avril, on voyait les députés de l'Est, du Nord, de l'Ouest, se succéder à la tribune pour montrer les blessures et compter les morts dûs au traité de commerce. « Le résultat est désastreux pour la filature et surtout pour le tissage, disait l'un ; l'industrie de l'Est se meurt ; il est temps d'aviser. — Dans le Nord, disait un autre, une partie du pays va à sa ruine. » — « Quatorze mille ouvriers, ajoutait un troisième, depuis 1866 ont quitté Roubaix, et 3,500 métiers sont en chômage. » — « Un grand nombre d'établissements, dit un autre député du Nord, se ferment, liquident et se vendent à des prix ruineux. » — L'Ouest prend à son tour la parole : « Les ruines s'accumulent, dit l'un : les usines sont pour la plupart fermées et à vendre, et on ne les vend pas le quart de ce qu'elles valent. » — « Les ateliers sont fermés, s'écrie M. Pouyer-Quertier ; les usines ont perdu 75 0/0 de leur valeur. » Et toutes ces voix, sauf une, s'élevaient du sein de la Majorité, qui semblait vouloir se déjuger et reconnaître qu'elle n'avait pas eu pour la propriété tout le respect imaginable.

Mais, j'y pense, pourquoi M. Chauchard n'a-t-il pas fait sa partie dans ce concert ? Est-ce que le département dont il représente une des circonscriptions, n'a eu rien à souffrir de cette politique téméraire qui, contre tous les principes du droit public moderne, a tranché tant de questions considérables et décidé de tant d'intérêts, en dehors des intéressés ? Est-ce que notre député n'aurait jamais vu les ruines qui jonchent encore notre sol ? Est-ce qu'il ignorerait les millions perdus, les souffrances endurées par nos populations depuis dix ans? Il avait là une belle occasion de faire acte d'indépendance et de mériter les couronnes civiques dont l'*Echo* et le *Messager* ceignent son front deux fois par semaine. Que ne l'a-t-il donc saisie? Il était peut-être plus difficile de se séparer des ministres dans cette question que dans celle des haras ; car enfin le traité de commerce est une des gloires du règne ; mais la chose n'en eût pas été moins méritoire ni la preuve du courage civil moins décisive.

Ce ne sont pas les intentions que l'on juge en politique, ce sont les faits. Vous aviez, je n'en doute pas, les meilleures intentions du monde quand vous avez placé, assez brusquement même, sous votre égide la propriété, la famille et la religion ; vous pensiez mieux faire que les Majorités qui avaient vaincu l'esprit révolutionnaire en juin, replacé la Papauté à Rome, et, avec un budget d'un tiers moins lourd que le vôtre, fait l'armée avec laquelle vous avez vaincu en Crimée et en Italie ; en réalité avez-vous mieux fait? Avez-vous terrassé le monstre? Pas même cela. Le monstre vit toujours là où il peut vivre, dans les têtes chimériques et malades ; mais l'eussiez-vous fait, les théories ennemies de la propriété fussent-elles vaincues dans toutes les intelligences, qu'il n'y aurait pas compensation suffisante. Don Quichotte, en croyant tuer le géant, perce les outres pleines de vin de l'hôtelier : c'est l'image du service rendu et du prix qu'il a coûté. De quelque côté, en effet, que l'on considère la politique conservatrice de la Majorité, c'est une outre éventrée qui s'offre à nos regards, et le géant n'a pas changé de place.

IX.

Il faut passer maintenant la frontière. Nous avons vu ce que l'esprit de liberté et l'esprit de conservation avaient gagné à la politique de la Majorité, à l'intérieur. Il est juste que nous regardions aussi au dehors ; c'est par là, dit-on d'ordinaire, que les gouvernements forts se rattrapent. Ce n'est pas nous écarter de notre but, qui est de montrer comment la politique de la Majorité n'est ni constitutionnelle dans le sens élevé du mot, ni conséquente avec les origines du Gouvernement né en 1851. Les principes de 89, visés par la Constitution, impliquent une politique libérale au dehors comme au dedans, et le fameux discours de Bordeaux, l'habile et sonore exclamation, *l'Empire c'est la paix !* impliquait au dehors une politique conservatrice. Or, la politique servie par M. Chauchard a-t-elle été l'un et l'autre? A-t-elle été l'un ou l'autre?

Elle n'a été ni l'un ni l'autre. La politique votée par M. Chauchard n'a été ni conservatrice ni libérale.

La politique libérale à l'extérieur ne consiste pas dans l'intervention armée en faveur de tous les peuples qui s'agitent au nom de la liberté ; si telle était sa nature, elle ne se distinguerait pas de la politique révolutionnaire, et une logique rigoureuse la conduirait à la guerre perpétuelle. Ce qui la caractérise, c'est d'abord de reconnaître le droit pour les nations de disposer d'elles-mêmes, c'est d'intervenir à main armée dans tous les cas où ce droit est contesté, à moins qu'il n'y ait folie à le faire ; c'est aussi d'incliner dans les alliances du côté des gouvernements libres. Est-ce de cette sorte que la politique libérale a été comprise par la Majorité? Il serait difficile de le croire au milieu des souvenirs si récents de la guerre d'Italie, de l'expédition du Mexique et des résultats de la politique occulte révélés à l'opinion inattentive de l'Europe par le coup de foudre de Sadowa.

Lorsque nous sommes intervenus en Italie en 1859, nous combattions « pour une idée » ; soit ; mais cette idée, c'était l'unité de l'Italie, ou, si l'on veut, le principe des nationalités; et il n'est pas du tout démontré que l'une ou l'autre de ces deux idées se confonde avec celle de liberté. La Russie et la Prusse ne s'y trompaient pas quand elles prodiguaient tant de compliments à M. de Cavour pour les succès de Garibaldi. Si nous occupons Rome, ce n'est pas non plus au nom de la liberté, puisque nous empêchons un peuple de disposer de lui-même.

Au Mexique, où nous avons englouti des millions d'écus et des milliers de soldats, nous avons renversé une République pour élever sur ses ruines un empire ; c'est assez dire que la liberté n'était pour rien dans l'affaire. En Allemagne, dans la grande intrigue nouée avec M. de Bismark, est-ce la politique libérale qui mêlait les fils? Est-ce dans l'intérêt du droit des peuples que nous laissions faire l'homme qui n'avait pas craint de dire, à la face de l'Europe étonnée et de la France, complice d'un côté, profondément indignée de l'autre, que *la force prime le droit?* Lorsque notre politique, heureuse ou malheureuse, devait avoir enfin pour conséquence inévitable l'absorption violente par la Prusse de plusieurs Etats constitutionnels, qui ne demandaient qu'à rester eux-mêmes, est-ce que nous faisions, à un degré quelconque, de la politique libérale? Nous n'avions pas même dans notre jeu *une idée*, à moins qu'on ne veuille donner ce nom à l'étrange fantaisie qu'on avait de refaire la Prusse sur un meilleur plan, d'en corriger, d'en amender la configuration, d'en arrondir avec grâce les contours, et si j'osais dire, de faire en géographie de l'esthétique sentimentale en faveur de la seule puissance de l'Europe que la nature des choses et l'art des politiques avait faite notre ennemie?

L'histoire de nos relations diplomatiques avec M. de Bismark, de cette mystérieuse partie d'échecs où nous n'avons pas pris le roi, suffirait pour montrer que ce n'est pas le principe libéral qui a déterminé nos amitiés et nos alliances.

Oui, il fut un temps où ce grand et sage principe était la

force qui nous rapprochait des peuples, le lien qui nous unissait à eux, et qui nous faisait embrasser leur défense ; c'était le temps où l'empereur Nicolas ayant proposé « dans un congrès restreint de la Sainte-Alliance, » comme dit M. de Montalivet (1), un accord commun de la Prusse, de l'Autriche et de la Russie contre la politique de la France au sujet de la Belgique, de l'Italie, du Portugal et de la Pologne, une note énergique de M. le duc de Broglie, alors ministre des affaires étrangères, suffit pour arrêter la coalition tentée au Nord au profit des principes de l'absolutisme ; c'était le temps où nous signions le traité de la *quadruple alliance*, qui assurait notre influence au Midi et réunissait dans un faisceau quatre Etats constitutionnels ; c'était enfin lorsque les sympathies et les regards des peuples se tournaient vers nous, que nous avions sur notre frontière la plus vulnérable, comme un infranchissable rempart, une ceinture d'Etats libres ou prêts à le devenir, la Belgique, la Suisse, le Piémont, les Etats constitutionnels de l'Allemagne du Sud, ce qui, même en dehors de l'alliance anglaise, assurait la paix du monde et nous permettait de réduire, dans un temps donné, le nombre de nos soldats et de concentrer toutes nos forces dans les travaux de la paix.

Est-ce qu'il y a le moindre rapport entre ce temps-là et le nôtre ? Est-ce la même politique que nous avons vue fonctionner depuis 1851 ? Nous avons effrayé les petits Etats libres : nous nous sommes aliéné les grands. Nous ne nous sommes pas même contentés d'effrayer les petits Etats ; nous les avons abandonnés ; nous avons prêché la doctrine des

(1) Dix-huit années de Gouvernement parlementaire, p. 88.

grandes agglomérations, qui a deux conséquences en quelque sorte fatales, comme nous ne le voyons que trop par ce qui se passe surtout depuis deux ans : d'abord l'existence des grandes armées, puis le spectacle écœurant d'une civilisation qui ne respire que la paix et la liberté, et qui vit sous la menace perpétuelle de la guerre et de la dictature.

M. Chauchard qui est libéral, qui l'est certainement, puisqu'il a un brevet de libéralisme signé deux fois la semaine par l'*Echo* et par le *Messager*, croyait-il bien faire de la politique libérale, lorsque, en toute circonstance, il consacrait par tous ses votes notre politique en Italie, au Mexique, en Allemagne? Il ne le croyait pas ; il ne pouvait pas le croire.

Il ne croyait pas davantage que nous faisions de la politique conservatrice.

X.

La politique conservatrice, à l'extérieur, peut se définir en deux mots : respecter les traités existants, ou, si l'on veut les modifier, en appeler à l'opinion et aux parties contractantes.

Ce principe de bon sens et de justice, il semble que nous ayons pris à tâche de le méconnaître en toute circonstance. Qu'est-ce que le principe des nationalités, si ce n'est le plus énergique dissolvant des principes de conservation, qui, poussé dans toutes ses conséquences, ne laisserait pas le monde un seul instant en repos et réduirait l'Europe presque tout entière en poussière? Arme à deux tranchants, d'ailleurs, comme on l'a si bien dit, qui pourrait nous donner la Belgique, mais qui nous prendrait l'Alsace et la Lorraine, qui nous a permis de faire l'Italie, mais qui nous a conduits à abandonner le Danemark, à faire une Prusse disproportionnée et à préparer l'unité de l'Allemagne. C'est là pourtant la plus belle de nos inventions, le plus brillant fleuron de notre couronne.

Je voudrais ne pas parler des traités de 1815, provoqués par nos fautes, et qui nous les firent d'abord si durement expier; mais ces traités procédaient au moins de l'œuvre du principe de conservation par excellence, de ce système d'équilibre, qui pendant presque toute la durée du siècle dernier avait épargné à l'Europe le fléau des grandes guerres, et ils nous avaient donné à nous-mêmes quarante années de paix. S'ils limitaient notre puissance d'expansion territoriale, ils laissaient la carrière ouverte de toutes parts, au Nord comme au Midi, à l'heureuse contagion de nos idées, qui en effet ne cessèrent pas pendant trente ans de faire de nouvelles conquêtes et nous donnèrent plus que n'auraient su faire nos armes.

Je ne puis résister au désir de rappeler un curieux et irrécusable témoignage de cette puissance morale de la France d'alors. Le 24 février 1848 et le jour même où notre pays paraissait devoir devenir plus libre encore, le Chancelier de l'empire de Russie, le comte de Nesselrode, envoyait à lord Palmerston un *caveant consules*, dans les termes suivants : « La France aura gagné à la paix plus que ne lui aurait « donné la guerre. Elle se verra environnée de tous côtés « par un rempart des Etats constitutionnels, organisés sur « le modèle français, vivant de son esprit, agissant sous son « influence (1) ». C'était alors sous une autre forme, sous la

(1) Dix-huit années de Gouvernement parlementaire, 108-109.

forme pacifique, la même propagande d'idées, le même ascendant moral qu'aux temps des premières victoires de la République. C'est par la paix que nous conquérions ; et nous n'apportions aux vaincus qu'un bien qu'ils convoitaient, bien précieux que nous avons perdu et qu'ils ont gardé. Nous refaisions par d'autres moyens l'équilibre rompu à notre détriment ; et nous pouvions dire hardiment, comme l'avait dit naguère un illustre philosophe, et dans le même ordre d'idées, que nous n'avions pas été vaincus à Waterloo. Or, qu'est devenue cette politique où l'esprit de conservation s'unissait si heureusement à l'esprit de liberté, qui assurait la première des gloires, celle de dominer par la force morale, et arrachait au premier Ministre de l'empereur Nicolas le cri d'alarme que nous venons d'entendre?

« Nous avons changé tout cela, » comme dit Sganarelle ; nous avons cru mieux faire en mettant la force à la place de l'idée. L'esprit de conservation y a-t-il gagné quelque chose? Je me borne à poser la question à la Majorité et à M. Chauhard.

Je n'ignore pas que vous pouvez prétendre au mérite d'avoir rempli une fois cette condition de la politique conservatrice qui consiste à faire appel à l'opinion et aux parties contractantes. Je n'ai pas oublié le jour mémorable où l'idée du Congrès éclata comme une fusée de pourpre et d'azur dans le ciel de votre politique. Mais j'en appelle encore ici au bon sens de notre député : cette idée était-elle praticable? Et ne fallait-il pas toute l'infatuation du sens propre pour croire un moment qu'elle fût autre chose qu'une belle chimère, à peu près comme le rêve de l'abbé de Saint-Pierre? Toute l'Europe le jugea ainsi; quelques-uns même allèrent jusqu'à soupçonner que cette invention renouvelée des Grecs était tout simplement une manœuvre nouvelle d'une ambition aussi inquiète que chimérique. Ce qui est certain du moins c'est que personne n'a jamais eu l'idée de la porter au compte de la politique de conservation.

Non ; la vérité a été dite il y a quelques jours à la tribune. « C'est votre politique, s'écriait M. Jules Favre dans son discours du 3 avril, qui a tout troublé, tout bouleversé en Europe. Si c'était le moment de l'examiner je démontrerais par des faits que l'Etat actuel de l'Europe est votre ouvrage. » Et la démonstration ne serait ni longue ni difficile. Pouvait-on porter notre contingent militaire de quatre-vingt mille à cent mille hommes sans inquiéter l'Europe? Pouvait-on toucher à l'Italie, faire le fameux programme de « l'Italie libre des Alpes à l'Adriatique » sans remuer l'Allemagne et sans suggérer l'idée, sans fournir l'occasion à la Prusse d'étendre et de fortifier le cadre de son armée active? Pouvait-on prononcer l'annexion de Nice et de la Savoie sans éveiller les inquiétudes de l'Angleterre, de la Belgique, de tous les petits Etats voisins de nos frontières, sans évoquer dans leurs imaginations le fantôme de notre vieille ambition et les mettre dans la nécessité d'augmenter leurs forces pour se sauvegarder?

Nous avons touché à tout; nous avons remué toutes les questions, nous avons ébranlé tous les principes. Nos propositions pacifiques elles-mêmes ont effrayé les peuples ; quand nous avons parlé de paix perpétuelle, il leur a semblé que nous répétions le rôle du loup de la fable de Lafontaine, et que nous écrivions sur notre drapeau, comme lui sur son chapeau, et avec des intentions pareilles :

C'est moi qui suis Guillot, berger de ce troupeau.

Il en est résulté cette conséquence que l'esprit d'agitation et de remuement, pour prendre un mot de Pascal, qui était en nous, nous l'avons communiqué aux autres. Les sages sans doute se sont contentés de se mettre en garde ; mais il n'y a pas que des sages dans le monde. Les audacieux, les aventuriers de la politique, se sont agités de leur côté comme nous l'avions fait du nôtre ; ils ont donné l'essor à leurs ambitions et à leurs convoitises, et l'Europe est devenue comme un laboratoire d'expérimentations politiques, où l'esprit de conservation a gagné moins encore, s'il est possible, que l'esprit de liberté.

J'avais avancé en commençant que la politique de la Majorité avait été une politique *sans principes* ; je m'étais trompé, c'est *contre les principes* que j'aurais dû dire. Oui, c'est une politique à rebours de tous les principes que celle de la Majorité, et nous la retrouverions tout entière, avec ses traits essentiels, dans tous les votes un peu considérables de M. Chauchard, pendant les trois législatures qui se sont écoulées depuis 1852, qu'il s'agît de l'une ou de l'autre des deux obligations inscrites dans son mandat, le contrôle et le vote de l'impôt. Nous pourrions montrer encore, — ce qui n'est du reste qu'une conséquence forcée d'une politique destituée de principes, — des contradictions, des variations sans nombre, le spectacle de gens honnêtes sans doute et voulant le bien, mais ne sachant ni le voir ni le chercher par eux-mêmes, se demandant combien de temps il convient d'être italien, combien de temps papiste, combien de temps la vérité est du côté du système des trois tronçons, combien du côté des grandes agglomérations, votant, le 15 avril 1865, contre un amendement favorable au Pouvoir temporel, puis deux ans après en faveur du *jamais* de M. Rouher, blâmant aujourd'hui M. Haussmann, l'approuvant le lendemain pour les mêmes choses, et un beau jour obligés de subir de la part d'un des leurs, M. Keller, cette apostrophe écrasante : « qui êtes-vous, et que voulez-vous ? »

Mais le temps presse. Je suis forcé de choisir. Je me bornerai donc à montrer ce qu'il y a eu d'imprévoyance dans la politique servie par M. Chauchard et à quels résultats elle a abouti.

XI.

Dans la séance du 16 avril, M. Cornudet, commissaire du gouvernement, disait à propos d'un surcroît de dépenses accusé dans la construction du nouvel Opera : « L'accroissement de dépenses vient d'un fait imprévu, l'existence d'une nappe d'eau souterraine, qui a exigé de grands travaux. »

Ce à quoi on lui répondait assez sagement, ce semble : « Pourquoi n'avez-vous pas fait de sondage? »

Cette nappe d'eau imprévue c'est l'image de toutes les entreprises approuvées par la Majorité. Au dedans, au dehors, qu'on fasse le traité de commerce, qu'on démolisse Paris, qu'on aille en Italie ou au Mexique, qu'on s'éprenne d'amour pour la Pologne ou qu'on abandonne le Danemark, c'est toujours la même chose : on ne songe jamais à la nappe d'eau.

En Italie, l'on commence par le fameux programme de « l'Italie libre desAlpes à l Adriatique, » que l'on appuie par une belle proclamation, digne du premier consul, et, ce qui vaut mieux, par la plus vaillante armée du monde; puis tout-à-coup, après deux victoires dues à la vaillance des soldats bien plus qu'à la capacité de leurs chefs, on s'arrête devant le quadrilatère, devant l'Allemagne frémissante, devant la perspective d'une grande guerre, et parce que l'on vient de s'apercevoir qu'il y a des imperfections de détail dans l'organisation de l'armée. Au moment où vous rédigiez votre programme, il était donc bien difficile de prévoir tous ces obstacles ! Est-ce que le quadrilatère était sorti brusquement de terre comme ces châteaux enchantés des légendes ? Est-ce que l'Allemagne pouvait rester indifférente en nous voyant victorieux sur le Mincio? Et à quoi servent donc nos comités de toutes armes, s'il faut une campagne de quelques jours, venant après une autre campagne de deux ans, pour qu'on s'aperçoive de quelques imperfections dans notre outillage militaire ?

On ne peut pas faire un pas dans notre politique en Italie sans y rencontrer la fatale nappe d'eau.

Après la paix de Villafranca, on invente la Confédération italienne avec la présidence du saint Père. C'était une belle imagination que le rapprochement pacifique de tant d'éléments si longtemps hostiles, qu'une combinaison qui conciliait l'indépendance générale et l'indépendancelocale, l'unité et la diversité, la souveraineté du Pape et la souveraineté du peuple, le sacré et le profane, l'esprit ancien et l'esprit moderne, le passé et l'avenir, le loup et l'agneau ; mais était-ce autre chose qu'une belle imagination? L'Italie a deux passions maîtresses, l'amour de l'unité et la haine de l'étranger ; on peut même ajouter, sans la calomnier, qu'elle en a une troisième, la haine de la domination politique du clergé ; et l'on pouvait croire qu'une combinaison qui choquait ces trois passions maitresses, qui ne leur donnait qu'une satisfaction dérisoire , serait acceptée au moment même où elles étaient toutes bouillonnantes, où, exaltées par des succès inespérés, elles voyaient ouvertes devant elles toutes les perspectives, où, se sentant fortes de ce qu'on leur avait donné, elles avaient droit de croire que rien désormais ne saurait leur être refusé ? Il ne pouvait pas y avoir de plus folle illusion que celle-là ; et à peine est-elle dépassée par celle qui plane sur tout ce drame étrange, rempli de péripéties et sans dénouement possible, qui s'appelle la question romaine.

Ici la nappe d'eau était, pour ainsi parler, à fleur de sol. Qui ne prévoyait, avec les précédents des légations,de l'Ombrie et des Marches, que, l'embrasement qu'on avait allumé à leurs portes, s'étendrait jusqu'à elles, qu'elles seraient soutenues par le Piémont et qu'il était impossible d'arrêter cette puissance dont on avait soi-même déchaîné l'ambition? Qui ne prévoyait aussi que la théorie proposée par la fameuse brochure *le Pape et le Congrès*, qui consistait à déclarer la souveraineté temporelle du Pape bonne à Rome et mauvaise dans le reste de son territoire, n'avait que la valeur empruntée aux faits accomplis et ne serait jamais acceptée par la Papauté? Qui ne prévoyait enfin l'obstacle invincible du *non possumus* et, pour tout dire en un mot, les inextricables embarras de notre occupation de Rome? Tout le monde, excepté la Majorité et M. Chauchard.

Je ne veux pas m'arrêter à tous les événements, à toutes les pièces qui se sont jouées sur le théâtre mobile de la politique contemporaine, où nous avons paru à titre de premier ou second rôle, laissant toujours au hasard le soin d'arranger le dénouement. Je passe la Pologne, où notre intervention diplomatique nous couvrit de ridicule et de confusion, je passe l'idée du Congrès dont tout le monde prédisait dès le lendemain du jour où elle fut connue, l'inévitable échec; je passe même l'expédition du Mexique, cette grande pensée du règne, si tristement avortée, et dont l'avortement était si facile à prévoir, puisqu'il suffisait pour cela de savoir un peu de géographie, dont le succès même, s'il avait été possible, n'eût jamais été qu'éphémère, puisqu'il nous mettait fatalement aux prises avec les Etats-Unis et que dans un conflit inévitable, nous nous trouvions en face du plus redoutable ennemi, d'un ennemi invincible, la distance. Je ne veux m'occuper que de la campagne diplomatique qui a préparé la grandeur de la Prusse.

Tous les esprits de quelque portée pressentaient que l'unité de l'Italie se liait par la force inéluctable d'une logique secrète à celle de l'Allemagne. Dès 1860 un publiciste, d'un esprit rare, il est vrai, écrivait en parlant de la Prusse ces lignes dans le *Courrier du Dimanche* : « Elle contemple la belle garde nationale qui lui tient lieu d'armée, et la belle armée qui nous dispense de garde nationale ; elle regarde certains petits princes ses voisins, et s'avise qu'ils ont une physionomie d'archiducs et ne sont pas au mieux avec leurs peuples, elle trouve que certaines petites capitales ont une ressemblance bizarre et jusqu'ici inaperçue avec Florence et Bologne, et se plonge dans des méditations dont l'avenir seul nous dira le dernier mot. »

L'avenir l'a dit, ce dernier mot ; mais avant qu'il ne fût prononcé, au moment suprême, quand l'arrêt fatal pouvait encore être évité, est-ce que les avertissements ont manqué ? On n'a pas oublié la séance mémorable du 12 juin 1866, où, après la lecture de la lettre de l'Empereur au ministre des affaires étrangères, la Majorité avertie par M. Thiers des conséquences du vote de confiance qui lui était demandé, passa outre, et assuma ainsi la responsabilité de la politique funeste qui venait enfin de lui être révélée. (Je n'ai pas besoin de dire que dans cette circonstance solennelle M. Chauchard se garda bien de se séparer de la Majorité). Je vais plus loin : quel est l'homme un peu clairvoyant, un peu au fait de la situation et des forces respectives des puissances de l'Europe, qui ne prévit le résultat définitif de la lutte engagée entre la Prusse et l'Italie d'un côté, l'Autriche de l'autre ? L'Autriche qui pouvait à peine se mesurer avec la Prusse seule, avec la Prusse fortifiée par cinquante années d'une paix habilement employée, devait nécessairement succomber dès qu'elle avait une ses mains occupée du côté de l'Italie. Qu'avons-nous prévu cependant ? Un résultat tout contraire. Telle était notre ignorance des choses, que nous comptions sur une coopération active des états secondaires de l'Allemagne et que le fusil à aiguille, depuis plusieurs années en usage dans l'armée prussienne, nous fut comme une révélation et une surprise. C'est à se demander à quoi servent les ambassadeurs, je ne veux pas dire les conducteurs des peuples.

Ainsi toujours et partout la nappe d'eau.

Nous la retrouverions encore et sans beaucoup chercher, si nous passions de la politique étrangère à la politique intérieure. Qu'est-ce en effet, pour parler d'une seule chose, que le traité de commerce avec l'Angleterre, si ce n'est un édifice construit comme l'Opéra, sur un terrain qu'on avait oublié de sonder, où la nappe d'eau s'est tout-à-coup montrée, nappe d'eau immense, qui aura englouti tant d'industries précieuses de notre pays ?

Il est vrai, la Majorité n'a jamais eu l'initiative dans tous ces actes si profondément empruntés à l'esprit d'imprévoyance. Elle n'en a pas moins la responsabilité. L'esprit de prévoyance est aussi nécessaire à celui qui contrôle, qu'à celui qui agit, car contrôler, c'est empêcher. La Majorité est donc renfermée dans ce dilemme : ou elle n'a pas prévu, ou elle a prévu ; dans le premier cas, où est sa capacité ? dans le second, où est son patriotisme ?

XII.

Il faut en venir, pour terminer, aux résultats. Hélas! qui ne les connait? et combien les prévoyaient avant qu'ils se fussent produits? Les principes sont des arbres qui portent nécessairement leurs fruits. Cette politique sans principes, sans prévoyance, dont la responsabilité appartient à la Majorité et à M. Chauchard, politique qui n'a su être ni libérale ni conservatrice, qui a agi à tort et à travers et comme au gré du génie de l'aventure, ne pouvait aboutir qu'à des résultats déplorables.

Nous ne les rappellerons pas tous. Un coup d'œil jeté sur notre situation extérieure et sur l'état de nos finances suffira pour nous édifier,

Il y a peu de gouvernements qui aient autant agi que le nôtre au dehors. Il a tout agité dans la politique européenne ; les questions anciennes ou nouvelles, celles qui étaient irrévocablement résolues, ou qui ne pouvaient pas être résolues, il a tout fait entrer ou essayé de faire entrer dans le cercle de son action. L'épisode de la guerre de Crimée excepté, c'est lui qui prend toutes les initiatives et, s'il ne les prend pas, c'est lui qui excite, qui remue, qui inspire par son exemple. Le vieux monde ne lui suffit pas, il faut qu'il s'occupe du nouveau. Il fait la guerre d'Italie, il veut intervenir en Pologne ; il pousse indirectement la Prusse du côté du Danemark, dans l'espoir d'une compensation impossible ; il va en Chine, en Cochinchine ; il va au Mexique, afin d'avoir aussi sa campagne de Russie ; il anime l'ambition de la Prusse ; il disloque l'Allemagne ; il rend possible M. de Bismark. Et quels sont les fruits de tant d'efforts ?

La montagne en travail enfante une souris.

Partout où nos soldats portent le drapeau de la France, ils sont fidèles à leur passé et ne dégénèrent pas de leurs pères ; mais après ? Ou on ne leur laisse pas achever leur œuvre, ou on les condamne à des œuvres impossibles. La guerre de Crimée coûte 120.000 hommes, et tout reste encore à faire en Orient. L'Angleterre voulait finir, nous ne voulions pas. En Italie, dans une campagne de deux mois, nous dépensons 300 millions et nous perdons 50,000 hommes. Tout cela pour laisser faire une puissance de 25 millions d'hommes, notre ennemie naturelle, qui nous ferme la barrière des Alpes, qui sera un jour notre rivale dans la Méditerranée, naguère décorée du nom de lac français. Au

Mexique, nous allons à l'étourdie élever un empire de contrebande, fragile château de cartes, qui nous coûte six à sept cent millions, un milliard, peut-être, et de trente quarante mille hommes; puis, par un geste, peu dissimulé des Etats-Unis, nous repassons les mers, avec un drapeau glorieux, mais une politique humiliée.

La diplomatie ne nous réussit pas plus que la guerre. En 1863, nous faisons mine d'intervenir pour la Pologne ; nous prétendions mieux faire que le Gouvernement de juillet, comme on peut s'en assurer en relisant le *Constitutionnel* d'alors ; puis tout à coup, après avoir parlementé quelque peu avec le Gouvernement du Czar, nous nous inclinons devant une dépêche railleuse de Gortschakoff, tout rouges de honte. En 1866, on déchire les traités de 1815 à Auxerre ; on déclare fièrement qu'aucun grand changement ne s'opérera en Europe sans la permission de la France ; et l'œuvre de 1815 se trouve aggravée contre nous par la campagne qui se termine à Sadowa ; et la plus grande transformation qu'ait vue l'Europe depuis deux siècles, s'effectue sous nos yeux, en dépit de toutes « nos angoisses patriotiques, » sans aucune des compensations que nous avions rêvées, que nous nous étions imaginé pouvoir conquérir sans tirer l'épée, et que l'épée même ne pouvait pas nous donner. Enfin, la guerre d'une part, la diplomatie de l'autre nous conduisent à ce double résultat, qui à lui seul met en relief toute notre politique étrangère : d'abord à la nécessité de doubler notre armée et de mettre toute notre jeunesse sous les armes, en second lieu à un état de malaise et d'inquiétude, qui suspend le mouvement des affaires, qui rend impossible dans l'industrie et le commerce toute entreprise à longue échéance et tarit les sources les plus fécondes de la prospérité publique.

Le prisonnier de Ham avait prévu une partie de ces résultats et décrit d'avance, dans la critique qu'il faisait le 5 Novembre 1844 d'un autre gouvernement, la situation que nous venons d'esquisser. « A nos yeux, la paix, c'est l'accord résultant de difficultés aplanies, d'intérêts opposés satisfaits ; c'est la sécurité la plus complète régnant dans la société. Rien de semblable n'existe aujourd'hui. Le gouvernement n'a pas vaincu les difficultés lorsqu'elles se présentaient : il les a mises de côté, les amoncelant sans cesse les unes sur les autres ; de sorte que, aucune question n'étant résolue, il arrivera un jour où toute cette réserve d'embarras et d'obstacles, rompant les digues qui la retiennent, inondera la politique inhabile du cabinet français. Aussi tous les esprits sont-ils inquiets de l'avenir. Pour asseoir solidement la paix, il faut avoir un système équitable et élevé, oser l'avouer franchement et le défendre avec vigueur ; il faut donner à l'étranger une grande idée de la bonne foi et de la France tout en prouvant par les faits qu'elle n'a aucune velléité de conquête. Or, le gouvernement, depuis quatorze ans, a suivi une marche tout-à-fait opposée. Au lieu de se montrer inflexible et intraitable dans le maintien de ses droits, il les a abandonnés toutes les fois qu'ils ont été mis en question ; au lieu de rassurer l'Europe par sa conduite, il l'a sans cesse inquiétée en entreprenant quelques conquêtes ou quelques expéditions qui troublaient l'harmonie générale sans augmenter l'influence de notre patrie. Par cette fausse politique, le cabinet français s'est attiré, à juste titre, la méfiance de la France et celle des étrangers, il a réveillé des jalousies et des haines qui étaient éteintes. »

Que dites vous de ce tableau ? ne semble-t-il pas porter la date de 1869 ? mais il faut le compléter, et pour cela il n'y a qu'à jeter un coup d'œil sur notre budget.

Je ne veux pas hérisser de chiffres ces lignes déjà si arides. Il en est cependant qu'il est impossible d'éviter ; il faut au moins indiquer ceux qui expriment les plus saillantes de nos dépenses, et ceux qui leur servent de repoussoir. Je rappellerai donc que les budgets de 1847 et 1851 n'atteignaient pas quinze cents millions et que celui de 1869 ne s'éloigne pas beaucoup de deux milliards et demi ; que la dette publique a absorbé de 1852 à 1869 près de neuf milliards ; enfin, que les dépenses des trois seuls chapitres de la dette, du ministère de la guerre et du ministère de la marine, c'est-à-dire, les dépenses les plus improductives de toutes, ont dépassé, dans une période de quatorze années, de 1852 à 1866, les dépenses effectuées dans une période aussi de quatorze ans, de 1852 à 1866, de la somme énorme de six milliards 918 millions. Qu'jouter à un tel tableau ? Nous pouvons désormais mesurer la distance que nous avons parcourue depuis vingt ans.

Dira-t-on que les recettes ont augmenté en proportion ? oui ; la proportion existe sur le papier, non dans la réalité des choses. Si les recettes augmentent sur le budget, c'est par un procédé commode, celui qui consiste à emprunter et à faire rendre plus à l'impôt. L'élévation des taxes, des tarifs de chaque impôt est avec l'emprunt le secret magique de la prospérité croissante. Je veux en donner un exemple, qui me tombe à l'instant sous la main. Je trouve dans l'*Electeur libre* du 22 avril ce rapprochement. En 1848 et avant, on payait en France par hectolitre d'alcool 37 fr. 40 c. de droit ; en 1869 on paie 90 fr., c'est-à-dire 52 fr. 60 c. de plus. Pour les vins les droits sont encore plus exorbitants. Avant 1848, le débitant payait pour le droit du vin vendu en détail 11 fr. par pièce ; en 1869, il paie 20 fr. 82 c. et cela pour toute la France ! (1) Est-ce assez significatif ? Ce qui dissipe le mariage trompeur, les vaines fictions du budget, et met la situation générale dans son vrai jour, c'est l'état de l'agriculture et l'aggravation continue de ses charges. Il a été constaté, par les hommes les plus compétents, que la production agricole, qui avait doublé de 1817 à 1847, est restée depuis plus de dix ans stationnaire, — que la dette hypothécaire s'est accrue, — que la valeur des terres diminue — et que cependant la propriété est moins mobile, — enfin, et il n'y a pas de signe plus caractéristique des décadences, que le développement de notre population s'est arrêté brusquement, tandis qu'il continue à progresser dans les autres grands Etats de l'Europe. Si nous nous transportions des campagnes dans les villes, que de témoignages ne trouverions-nous pas encore contre les mensonges de nos recettes budgétaires ! Est-ce que l'on ne se pla nt pas partout de la cherté de toutes choses ? Est-ce que là où le salaire de l'ouvrier a augmenté, il y a proportion entre cette augmentation et celle des dépenses imposées par les nécessités de la vie ? Si l'on avait quelque doute à cet égard, qu'on lise le discours de M. Thiers, du 23 février, et celui de M. Jules Simon, du 3 mars, sur l'état réel des choses à Paris. Quelle sinistre clarté cela

---

(1) Chacun peut vérifier par son propre exemple ou celui de son voisin l'exactitude de nos assertions. Un fait à l'appui et bien probant, c'est le nombre des demandes de dégrèvement et des réclamations qui se trouvent en ce moment à la préfecture, à Chaumont. Une personne bien renseignée nous dit qu'il y en a plus de 200,

repand sur *les dessous* de cette Capitale, dont la face pompeuse éblouit l'univers !

Il est inutile de le dire, M. Chauchard a consacré par ses actes cette singulière politique de la prospérité croissante; il n'a pas une seule fois protesté contre les gros budgets, les gros traitements, les emprunts contractés pour les énormes dépenses improductives, qui caractérisent le règne ; il n'a jamais songé à l'économie, excepté dans une circonstance mémorable, quand il s'est agi d'augmenter le traitement des facteurs ruraux, qui sont, comme chacun sait, des Crésus ; son contrôle, en un mot, a été en finances ce qu'il a été en politique, constamment débonnaire, indulgent, inspiré par le désir de ne pas déplaire, peut-être aussi par la crainte de déranger un système où les sceptiques, en fin de compte, peuvent assez bien se faire une place, qui n'est pas par conséquent mauvais pour tout le monde, qui peut même paraître le meilleur, le plus légitime pour ceux auxquels Sosie a légué sa devise :

Le véritable amphitryon
Est l'amphitryon où l'on dîne.

Mais je ne finirai pas par une épigramme. Ce système sublime n'est pas l'idéal de M. Chauchard. S'il l'a adopté, c'est en dépit de sa raison et de son patriotisme. Où il faut chercher sa pensée, c'est dans sa profession de foi de 1849, c'est là qu'elle brille dans tout son lustre, dans toute sa pureté première, comme nous l'allons voir. Cela nous permettra de donner nos conclusions.

UN ÉLECTEUR DE LANGRES.

UNE

LEÇON D'HISTOIRE CONTEMPORAINE

A

L'ADRESSE DES JEUNES ÉLECTEURS

M. CHAUCHARD DE 1848 A 1869

Je viens de relire les diverses professions de foi de M. Chauchard. Cela n'est pas très-édifiant, mais cela peut être instructif et donner passablement à réfléchir.

Je ne puis d'abord m'empêcher de me dire que, si le candidat officiel de notre circonscription passe à la postérité, il donnera du fil à retordre aux commentateurs. En voyant le même homme dans des rôles si différents, il leur sera bien difficile de ne pas avoir des doutes sur l'identité du personnage, si versés qu'ils puissent être dans le secret de leur art et dans la science des métamorphoses. Peut-être, s'ils en sont réduits aux renseignements du *Moniteur*, parviendront-ils à s'y reconnaître ; mais s'il leur tombe dans les mains la collection entière de l'*Echo de la Haute-Marne*, et qu'il leur échappe que cet honorable journal a porté pendant un temps le beau nom de l'*Echo du Peuple*, ils n'auront qu'à jeter leurs langues aux chiens , à moins qu'il ne leur vienne à l'esprit de se demander si le département de la Haute-Marne n'aurait pas eu successivement deux députés du même nom réunis, par un caprice du sort, sous deux bannières différentes. Je ne vois pas comment les commentateurs pourraient se tirer de peine autrement que par cette hypothèse. Toutes les explications ordinaires, qui sont le changement des temps, *la pression des circonstances*, comme disait dernièrement l'*Echo*, l'expérience et la prudence que l'âge donne, seraient insuffisantes. Un tel phénomène ne saurait trouver sa raison que dans un autre phénomène.

Mais il ne s'agit pas des préoccupations peu probables de la postérité ; il s'agit pour nous, qui connaissons le secret de la métamorphose, d'en tirer profit. La moitié des électeurs qui en ont eu le spectacle, sans le comprendre quelquefois, et quelquefois aussi, hélas ! sans trop s'en indigner, est couchée dans la tombe. A sa place s'est élevée une génération nouvelle, qui ignore le passé, et à qui cependant il importe de le connaître. C'est à elle que nous nous adressons plus particulièrement aujourd'hui. C'est elle qui est la plus intéressée dans le grand drame qui se joue sur notre scène depuis un mois, sous le regard attentif de l'Europe, et dont le dénouement approche ; car c'est elle qui a la plus longue carrière à parcourir, qui aura le plus à souffrir du choix qu'elle est appelée à faire, si ce choix est mauvais, s'il n'est que le résultat d'une captation ou d'une surprise.

Nos jeunes lecteurs auront remarqué dans la profession de foi de M. Chauchard le mot de liberté, concession tardive, qu'il a fallu faire à leurs aspirations les moins douteuses. Là est le piége : c'est par là qu'ont été pris leurs pères. Pour éviter le même sort, qu'ils nous écoutent donc, nous autres qui connaissons les événements et leurs causes. Jusqu'ici dans nos réflexions sur la politique qui va être jugée, nous avons laissé M. Chauchard au second plan ; nous l'avons rarement détaché de la Majorité. Il est temps de dégager sa personnalité de tout ce qui pourrait en obscurcir les traits. Cela aidera aussi peut-être à la tâche des commentateurs, si le personnage arrive jusqu'à l'histoire.

I.

M. Chauchard est entré dans la vie publique par la Révolution de Février, qui l'avait trouvé obscur sous-chef de bureau au Ministère de l'instruction publique ; il n'y a rien de tel que les orages pour faire pousser les hommes. La République fit de lui un représentant du peuple, une première fois à l'Assemblée Constituante, une seconde fois à l'Assemblée Législative. Le Coup d'Etat du 2 décembre le transforma en représentant de l'Empire au pâle et débile Corps législatif qui succéda aux deux grandes Assemblées républicaines.

Sous l'habit républicain et sous le frac impérial, M. Chauchard est-il resté le même ?

S'il a changé, les métamorphoses sont-elles motivées ?

Son passé peut-il garantir l'avenir et donner quelque gage sérieux aux aspirations libérales qui nous dominent ?

Nous voulons examiner rapidement ces questions. L'heure est solennelle ; c'est la paix ou la guerre, c'est la liberté vraie, le gouvernement de la nation par elle-même ou son abdication qui sont en cause.

II.

1848.

En 1848, au moment où les électeurs furent appelés à faire pour la première fois l'application du suffrage universel, deux préoccupations dominaient les esprits. L'une portait sur la forme : il s'agissait de fonder un gouvernement républicain; l'autre sur le fonds même des choses : on voulait opérer d'importantes réformes sociales. Ces préoccupations étaient vives dans notre département. Ceux qui aspiraient à l'honneur de le représenter, eurent à en tenir compte dans leurs professions de foi et dans leurs discours. Il y avait à se prononcer sur les deux questions et de forme et de fonds.

M. Chauchard n'hésita pas à proclamer la République et la nécessité des réformes.

Sa profession de foi était faite avec une grande habileté et avec une modération relative. Il commence par prendre timidement l'attitude d'un libéral très-avancé, un peu téméraire même, presque persécuté à cause de cette témérité, et dont tout le crime pourtant avait été sans doute d'avoir eu un pressentiment sourd de l'inévitable révolution qui couvait dans les âmes et n'attendait qu'une occasion pour éclater. La conséquence est qu'il ne lui coûte pas de proclamer la République, qu'elle est la forme nécessaire, et qu'il y aurait même danger pour la patrie, pour la société, si l'on s'avisait de faire des choix hostiles au nouvel ordre de choses, et de ne pas envoyer des républicains pour faire une république.

« En sollicitant vos suffrages, disait-il dans sa profession de foi, je vous dois quelques explications. Avant la Révolution de Février qu'étais-je au milieu de vous ? vous voyiez simplement en moi un homme d'opinions libérales, c'est-à-dire tout dévoué au triomphe pacifique et régulier de libertés politiques, civiles et religieuses. Quelques-uns me reprochaient la témérité de mes opinions ; plus d'une fois même on a cherché à me faire repentir de ma fidélité à ces convictions de toute ma vie, et pourtant ces idées étaient insuffisantes ! *Deux jours ont fait l'œuvre d'un siècle.* . . . .

« Il s'agit aujourd'hui de *constituer sincèrement* et *sans arrière-pensée un Gouvernement républicain.* . . . .

« Un seul danger nous menace. Ce danger n'est point au dehors et nous sommes maîtres de le conjurer. Il suffirait pour détruire ce que la Révolution vient de fonder que des citoyens plus préoccupés de leurs intérêts ou de leurs affections personnels que du bien de la chose publique, signalassent *par des choix hostiles leur défiance envers le nouveau régime.* Tout alors serait remis en question. »

Voilà donc M. Chauchard républicain. Il n'est pas tout à fait un républicain de la veille ; mais dès la veille il était tout préparé ; c'est un républicain de la première heure ; et bien décidé à rester ce qu'il est devenu, il travaillera sincèrement à l'achèvement de l'œuvre d'un siècle accomplie, comme il dit, en deux jours. Il accepte, il approuve ce qui vient d'être fait; il ne veut pas qu'il soit remis en question. Ledru-Rollin n'aurait pas mieux dit. Les républicains du département s'y laissent prendre. Qui n'aurait fait comme eux? Le républicanisme de M. Chauchard était alors tellement avéré que c'est lui qui est désigné par le Conseil général pour aller porter *l'adhésion loyale* du Conseil au Gouvernement de la République.

Ceux qui voulaient que la République ne fût pas un changement stérile de forme, mais un pas en avant dans la voie des améliorations sociales, des réformes fécondes, trouvaient également satisfaction dans les déclarations de principes du candidat républicain. « Il faut, disait-il, que les lois soient faites dans l'intérêt de tous....... que les charges soient plus équitablement réparties ; que les impôts qui écrasent l'agriculture, la première des industries, soient allégés ; que *quelques uns même, ceux qui ont un caractère vexatoire soient supprimés ;*..... que les dépenses exagérées soient réduites au niveau des ressources...... »

Le langage n'est pas toujours net, ni précis. L'homme est ainsi fait ; il fuit le grand jour ; il n'aime que les estompes et les demi teintes. Mais les déclarations n'en sont pas moins saisissables. Il est bien clair que le candidat veut l'économie dans les finances, l'équilibre du budget, la réduction des impôts, *la suppression de l'impôt sur les boissons.*

Qu'est-ce que l'opposition, en fait d'économie, demanderait de plus aujourd'hui ?

Ce n'est pas tout pourtant. M. Chauchard tenait à être infiniment réservé dans ses déclarations écrites ; un manifeste destiné à une grande publicité, pourrait rester dans les archives publiques et privées, exposé à en être exhumé un jour et produit à la lumière. Mais il est plus hardi, plus téméraire ailleurs : les paroles engagent moins, compromettent moins que les écrits ; on peut y faire plus de concessions à l'esprit et aux exigences du moment ; on peut croire même qu'il n'y a pas danger à s'aventurer sur le terrain brûlant du socialisme. Pourquoi non ? Vous voulez, peuple souverain, des réformes radicales, qui remuent la société jusque dans ses bases ? Je n'ai rien à vous refuser, je vous donnerai ce que vous voudrez. — Je suis bonne fille et vous êtes le maître.

Le 9 avril, il y avait à Chaumont une réunion publique où les candidats eurent à subir un interrogatoire. Diverses questions sont posées à M. Chauchard.

(1°) *Question.* Êtes-vous pour le cumul des traitements ?

Réponse. J'ai toujours été l'adversaire des cumuls.

(2°) *Question.* Êtes-vous partisan de la liberté illimitée de la presse ?

Réponse. Je veux pour la presse une liberté illimitée,

(3°) *Question.* L'église doit-elle être séparée de l'État?

Réponse. Je pense qu'il y aurait avantage à ce que le pouvoir civil ne pût pas empiéter sur le pouvoir ecclésiastique et réciproquement.

(4°) *Question.* Êtes-vous partisan de l'impôt progressif?

Réponse. En principe il me paraît équitable ; mais il commande les plus grands ménagements. Dans les circonstances ordinaires, je serais partisan même de l'impôt *somptueux.*

Ainsi le Girondin de la profession de foi devient, devant les électeurs, presque un Montagnard. L'abolition des cumuls, la liberté illimitée de la presse, la séparation de l'Eglise et de l'Etat, — enveloppée dans une formule embarrassée, mais enfin implicitement acceptée — l'impôt progressif, l'impôt du luxe, tel est cette fois le programme de notre candidat. De cette façon son républicanisme est complet ; moitié Girondin, moitié Montagnard, il est dans le ton du jour ; et ainsi, donnant satisfaction aux modérés par sa profession de foi aux exaltés, par les résultats de son interrogatoire, il arrive, porté par le souffle populaire, à l'Assemblée qui a mission de fonder la République.

Je ne le suivrai pas sur les bancs de la salle de carton, emblême du fragile édifice qu'on allait élever. Il serait inutile d'y dépouiller ses votes. Je passe à 1849.

III.

1849.

En 1849, quand l'Assemblée Constituante se retira pour faire place à une Assemblée nouvelle, la question politique primait la question sociale dans les préoccupations des esprits éclairés du pays. On connaissait les visées du pouvoir exécutif ; l'on prévoyait déjà ce que l'on vit plus tard dans la nuit du 2 décembre. Mais, au mois d'avril 1849, le prestige de la République n'était nullement effacé par celui du Président, et le pouvoir légal était entre les mains de ministres fermes et inébranlablement résolus à défendre la légalité. Il n'eût donc pas été prudent de prendre une attitude contraire à l'ordre de choses régulièrement établi.

Les électeurs de la Haute-Marne n'étaient pas d'ailleurs plus amoureux de Coups d'Etat que de révolutions ; et en outre, on était trop près des jours où l'on avait acclamé devant eux la République, pour songer à rompre les engagements pris envers elle et dont ils étaient la caution.

De là la profession de foi du 23 avril 1849, dont nous extrayons quelques passages caractéristiques.

« La République est établie. Si la venue en a été pré-
» maturée, serait-ce au moment où la France peut enfin re-
» cueillir le fruit de ses efforts et de ses douleurs, que nous
» nous consumerions en de perpétuels débats sur la forme
» du gouvernement ?

« Respect donc au gouvernement établi, à la constitution
» qui le consacre, à la légalité ; respect au premier magis-
» trat de la République, élu par l'immense majorité de la
» nation.

« Tous les progrès sont possibles sans sortir de la légalité,
» sous l'empire du suffrage universel, et quand la Constitu-
» tion elle-même règle les formes suivant lesquelles la Cons-
» titution peut être modifiée.

« La légalité, c'est l'arche sainte. N'y touchons pas, sous
» peine de retomber dans le chaos, sous peine de nous jeter
» de nouveau dans les hasards des révolutions.

« La légalité suffit à elle seule pour substituer l'ordre
» matériel et moral au désordre de la rue et au désordre des

» idées, pour assurer le triomphe de la civilisation sur la » barbarie, de la modération sur la violence, de la paix sur » la guerre ! »

La question de légalité, qui n'était rien moins que celle de l'existence ou de la ruine de la République, n'effaçait pas, si considérable qu'elle fût, toutes les autres. L'Assemblée Législative avait à faire les lois organiques, c'est-à-dire à faire passer l'esprit nouveau dans les institutions et dans l'administration du pays. M. Chauchard se montre encore sur ce point, dans sa profession de foi, s'entend, — je néglige ses votes — fidèle à ses engagements de l'année précédente. Il veut donner plus de liberté aux départements et aux communes, et desserrer les mailles de la centralisation: « Entrons hardiment, dit-il, dans la voie des réformes ad- » ministratives. C'est la bonne ou la mauvaise administra- » tion qui fait le bien ou le mal du pays. Attribuons aux » départements, aux campagnes, dans le gouvernement de » leurs intérêts, une part plus large et plus juste que celle » qui leur a été laissée jusqu'ici ; ôtons, en un mot, à la cen- » tralisation ses inconvénients, pour n'en garder que les » avantages. Le temps n'est-il pas venu, pour les Assem- » blées délibérantes, de substituer les discussions pratiques » sur les affaires, aux luttes de la vanité et aux stériles » agitations de la théorie politique ? »

Il n'y avait point trace dans la profession de foi de 1849,

des déclarations hardies faites en 1848 devant les électeurs de Chaumont, au sujet des réformes sociales ; mais à tout prendre, il n'y avait pas d'apostasie ; le Montagnard s'était évanoui ; mais le Girondin était resté.

IV

Il ne devait pas rester longtemps. Le Coup d'Etat du 2 décembre effaça les derniers vestiges du républicain si rapidement improvisé par la Révolution de février. *L'œuvre d'un siècle*, *accomplie dans deux jours*, et à la consolidation de laquelle il avait travaillé, ayant été abattue par la tempête, il se trouva tout prêt à collaborer à l'œuvre nouvelle, qu'on édifiait sur ses ruines.

V

De 1852 à 1869.

Il faut franchir cette sombre et silencieuse période, qui s'étend de la nuit du 2 décembre 1851 à celle du 24 novembre 1860, où s'élabora, dit-on, le décret qui rendit à la France un peu d'air et de lumière. M. Chauchard ne s'était pas aperçu jusqu'alors que nous manquions de ces deux conditions de la vie des sociétés humaines : mais le pouvoir ayant fait cette grande découverte, il ne veut pas y rester complétement étranger. Dès que la permission lui en est donnée, il prononce le mot de liberté. Dans sa professiou de foi de 1863, il déclare que c'est « au libre choix de la population toute entière qu'il s'en réfère » en se présentant au scrutin ; il déclare qu'il est « depuis longtemps le partisan convaincu du développement graduel des institutions libérales. Ce n'est pas tout, Il invente « le dévouement in» dépendant. Comme je soutiens le Gouvernement franche» ment et sans arrière-pensée (je note en passant que c'est » dans les mêmes termes qu'il promettait de soutenir la » République) parce qu'il est issu de la volonté nationale, » je résisterai avec la même franchise à ses ministres, si » jamais ils présentaient des mesures qui ne me parussent » pas conformes au bien public.

» Enfin, il veut la paix. Après tant de gloire militaire, » lorsque la puissance de nos armes a partout assuré notre » prépondérance politique, c'est par l'activité dans la paix que » la France désormais réalisera ses plus solides conêqutes. » Il n'y a que le mot économie qu'il n'ose prononcer.

Dans cette carrière nouvelle, on ne peut s'attendre à retrouver le Girondin de 1848 et de 1849, encore moins le Montagnard de la réunion électorale de Chaumont. La nature ne procède point par sauts. Mais les engagements du programme incolore de 1863 sont-ils au moins pris au sérieux par celui qui les a contractés ? Nous savons assez que non. Cette indépendance si fièrement proclamée dans l'éventualité « de mesures funestes au bien public, » personne n'ignore ce qu'elle est devenue ; elle s'est marquée dans quelques questions insignifiantes, comme cette question de haras, si pompeusement rappelée par l'*Echo* ; elle s'est évanouie comme une vaine fumée dans toutes les graves questions de la politique, soit intérieure, soit étrangère, *dans toutes sans exception*, dans celles qui ont été notoirement « funestes au bien public, » comme celles du Mexique, du libre échange, du Danemark, de la mauvaise *délimitation* de la Prusse et *de la neutralité attentive*, enfin dans tous ces votes silencieux, perdus dans les colonnes du *Moniteur*, qui ont doublé la dette de la France et fait de son budget une des merveiles du monde.

VI

Résumons les résultats de notre revue retrospective et recueillons nos impressions.

Jusqu'au 4 février 1848, M. Chauchard est orléaniste libéral, plus voisin de l'Opposition que du Ministère ; le 25 Février, il est républicain, il est émerveillé du mouvement rapide qu'a fait faire au monde la Révolution de la veille, et il s'écrie dans le lyrisme de son enthousiasme improvisé : « Deux jours ont fait l'œuvre du siècle ! »

Le 30 Mars, il avait donné des preuves si éclatantes de sa transformation de libé.al constitutionnel de la veille en républicain du lendemain, qu'il est chargé par le Conseil général d'aller saluer en son nom le Gouvernement provisoire, qui a proclamé la République.

Le 9 avril, il comparaît devant une réunion d'électeurs pour subir un interrogatoire à titre de candidat à la représentation nationale. L'heure est solennelle ; il y a là des gens qui ne se contentent pas d'une République anodine et formaliste ; ils veulent des réformes qui touchent au fond même des choses, et ces gens-là, étant les plus ardents, sont les plus puissants. La profession de foi leur a paru un peu bien Girondine... M. Chauchard fait devant eux des déclarations de principes, qui le rapprochent du Montagnard, et il est nommé représentant du peuple.

L'Assemblée Constituante va être remplacée par l'Assemblée Législative. Deux idées préoccupent les électeurs ; ils ne veulent pas qu'on renverse la République ; ils veulent que les libertés locales s'étendent, se développent, se fortifient, afin d'échapper aux brusques mouvements de Paris, aux révolutions et aux coups d'Etat. M. Chauchard proclame dans sa profession de foi du 23 avril 1849 son respect pour la légalité, qui est « l'arche sainte, » son goût pour la décentralisation et son amour pour la liberté ; et il est de nouveau envoyé à la Chambre.

Tout-à-coup la face des choses change. La légalité a sombré, la liberté est violemment écartée de nos institutions ; la centralisation se resserre avec la dictature ; tous les pouvoirs se concentrent dans une seule main ; M. Chauchard n'en trouve pas moins que tout est bien ; et dans ces comices muets. mornes, sans vie et sans lumière, qui se succèdent à longs intervalles de 1852 à 1863, l'élu du peuple devient l'élu du Pouvoir.

Dira-t-on que ces métamorphoses diverses étaient réclamées par le salut public ? Rien n'obligeait M. Chauchard, orléaniste le 24 Février, à se trouver républicain le 25, à faire une profession de foi Girondine et à parler en Montagnard devant les électeurs ; nulle considération tirée de la raison d'Etat ne lui faisait un devoir, à lui qui s'était engagé solennellement, par sa profession de foi du 23 Avril 1849, à faire respecter la légalité, de courber la tête, la nuit où elle fut violée, ni d'approuver cette violation le lendemain. La France ne pouvait-elle pas être sauvée sans lui ?

Certes, nous ne sommes pas de ceux qui enchaînent l'homme à ses commencements et le rivent comme un forçat aux premières manifestations de sa pensée. Le changement est notre essence, parce que le progrès est notre loi. Il y a d'ailleurs dans la mobilité des circonstances une force irrésistible, qui entraîne tout et déplace sans cesse les points de vue. Nous savons cela ; nous connaissons le miracle du chemin de Damas ; mais nous savons aussi que ce miracle-là ne se répète pas trois fois, dans l'espace de trois ans, dans la même conscience. Ne semble-t-il pas encore, quand ces grandes révolutions de l'âme s'accomplissent, qu'il soit bienséant de se retirer dans le désert, ne fût-ce que pour réfléchir sur la fragilité des opinions humaines, et de laisser à d'autres, plus heureux ou plus clairvoyants, à jouer le rôle dans la pièce nouvelle qu'on n'avait pas prévue ?

VII.

Je passe condamnation cependant sur ce point ; j'admets, par tolérance, qu'on croie bon, non pour soi, mais pour les autres, de paraître encore sur la scène ; j'admets cette raison, si souvent alléguée et quelquefois légitime, qu'en servant le Gouvernement ce n'est pas lui que l'on sert, mais son pays, qu'en fin de compte, si le machiniste change, le théâtre reste toujours le même, et que, si l'on y remonte, c'est uniquement pour la satisfaction du public.

La question est alors de savoir si le public a été satisfait, si le rôle a été bien rempli, en un mot, si l'on a bien servi les intérêts du pays.

M. Chauchard peut-il affronter l'examen de cette question devant la conscience publique éclairée? Nous avons démontré qu'il ne le pouvait pas.

Chargé par la Constitution de contrôler les actes du pouvoir avec indépendance et de voter les impôts avec économie, il n'a rempli aucune des deux obligations de son mandat; il a approuvé toujours sans restriction, tous les actes considérables du Gouvernement, toutes les fautes si graves et si multipliées de sa politique soit intérieure, soit extérieure; il a voté toujours, sans réserve, toutes les dépenses si considérables du Gouvernement, le plus dépensier du monde, tous ces emprunts, toutes ces augmentations d'impôts, tous ces travaux improductifs, toutes ces prodigalités, tous ces gros traitements sans mesure et sans raison qui caractérisent le second empire.

Il devait, en vertu du titre qui lui était conféré, et par l'esprit de la Constitution de laquelle il le tenait, servir une politique à la fois libérale et conservatrice; la politique à laquelle il s'est attelé, n'a été ni conservatrice ni libérale.

Elle a tout brouillé chez nous et hors de chez nous ; tous les principes de conservation ont été ébranlés ; tous les principes de liberté ont été méconnus ou altérés par des lois décevantes qu'aucun esprit réfléchi n'a prises au sérieux.

Pour contrepeser ces précédents, quels gages le candidat officiel présente-t-il à la génération qui s'élève et qui aborde pour la première fois le scrutin ? je parle de liberté : il prétend qu'il a toujours soupiré après le moment où il pourrait travailler au couronnement de l'édifice ; il vient de lancer un manifeste où il exprime des regrets du passé et fait luire à nos yeux des espérances meilleures : Regrets tardifs et stériles ! promesses qui ne tromperont personne ! On ne fermera pas les yeux à la lumière que le passé projette sur le présent ; l'enseignement de ces vingt dernières années ne sera pas perdu pour ceux qui entrent aujourd'hui dans la vie publique et devant qui s'ouvre l'avenir.

Les circonstances sont graves. Il ne faut pas que la jeune génération oublie la nature ni la portée du débat où elle est appelée à siéger comme juge. Ce n'est rien moins que la question résolue par nos pères en 89 et qu'on croyait à jamais résolue, qui se produit aujourd'hui sous une forme nouvelle : il s'agit toujours de savoir si la nation se gouvernera elle-même non pas fictivement, mais réellement, ou sera gouverné par une volonté indépendante de la sienne. C'est assez dire combien il importe que les hommes appelés à nous représenter sachent penser et vouloir par eux-mêmes.

M. Chauchard est-il du nombre de ces hommes ? De quoi a-t-il jamais relevé si ce n'est des circonstances ? Orléaniste, Républicain, Girondin, Montagnard, nous venons de le voir passer sous ces costumes divers avec une rapidité incroyable et presque sans se laisser entrevoir comme les rayons d'un phare tournant.

On a dit du candidat officiel qu'il attendait toujours le souffle d'en haut,

Et de quel côté que vînt souffler le vent,
Il y tournait son aile et s'endormait content.

M. Chauchard vient de nous avouer aujourd'hui même, dans le *manifeste* publié par le *Messager* quel était son caractère et que sa personnalité consistait à ne pas en avoir. Cet aveu complète l'histoire que nous avons faite de son passé, et en exprime l'esprit. C'est aux électeurs à voir si c'est par une telle personnalité qu'il leur convient d'être représentés pour une nouvelle période de six années où les événements les plus graves et les plus décisifs peuvent surgir, où l'on peut ajouter à des fautes énormes des fautes irréparables.

UN ELECTEUR DE LANGRES.

Pour copie

Le secrétaire de la rédaction : J. GAGNIANT.

Wassy. — Imprimerie de J. GUILLEMIN.

www.ingramcontent.com/pod-product-compliance
Ingram Content Group UK Ltd.
Pitfield, Milton Keynes, MK11 3LW, UK
UKHW021111200726
13857UKWH00003B/1191